RUDOLF MÖCKEL

EDITION BIBELBUND

W0074778

GOTTES
ZUVERLÄSSIGE
URKUNDE

Was jeder über die Glaubwürdigkeit
des Alten Testamentes wissen sollte

Über den Autor:
Rudolf Möckel, Jahrgang 1958, Pastor
der Ev.-Luth. Landeskirche Hannovers,
verheiratet, drei Kinder, Tätig als Pastor,
Krankenhaus-Seelsorger und Religions-
lehrer im Annastift Hannover. Mehrere
Buchveröffentlichungen.

Bibelzitate nach der Schlachter- und nach der Luther-
Übersetzung.

Edition Bibelbund: Koproduktion der Christlichen
Verlagsgesellschaft mbH und dem Bibelbund e.V.
(www.bibelbund.de)

Möckel, Rudolf:
Gottes zuverlässige Urkunde

ISBN 978-3-89436-833-3

Überarbeitete und erweiterte Auflage 2011

© 2011 Christliche Verlagsgesellschaft mbH,
www.cv-dillenburg.de
Satz: CV Dillenburg
Druck: CPI Moravia Books, Pohorelice

Printed in Czech Republic

Inhalt

Worum es in diesem Buch geht

Die Frage der Zuverlässigkeit des Alten Testaments ist eine Frage, auf die die Antworten sehr unterschiedlich ausfallen. Während die biblischen Schriften vom 1. Buch Mose bis hin zum Buch des Propheten Maleachi unübersehbar den Anspruch erheben, die Ereignisse der rund zweitausendjährigen Geschichte des Volkes Israel historisch korrekt und zuverlässig wiederzugeben, kommt die universitäre alttestamentliche Wissenschaft in ihrer überwiegenden Mehrheit zu ganz anderen Ergebnissen. Sie hält die, vom Alten Testament berichtete Geschichte für eine Fiktion, die – wenn überhaupt – nur ein Minimum an historisch verlässlichen Informationen enthält.

Bis ins 19. Jahrhundert hinein war man in der alttestamentlichen Wissenschaft im Großen und Ganzen von der Zuverlässigkeit der biblischen Geschichtsschreibung ausgegangen. Der Theologe und Orientalist Julius Wellhausen (1844-1918) war dann der Erste, der im 19. Jahrhundert eine grundsätzliche Neubewertung der Überlieferungen des Alten Testaments vornahm. Wellhausen gilt damit zu Recht als Begründer der modernen Bibelkritik. Er und seine Schüler Martin Noth und Albrecht Alt verlegten die Entstehung der Geschichtsbücher des Alten Testaments insgesamt in das erste Jahrtausend v.Chr. Sie sprachen damit nicht nur Mose die Verfasserschaft der nach ihm benannten biblischen Bücher ab, sondern bestritten auch, dass David einen Großteil der Psalmen, Solomo die Weisheitsbücher und die Schriftpropheten die mit ihrem Namen verknüpften

Bücher verfasst hätten. Hinzu kam eine tiefgreifende und umfassende Sachkritik an den im Alten Testament berichteten Inhalten.

Die alttestamentliche bibelkritische Wissenschaft der Gegenwart ist über Wellhausens Erkenntnisse weit hinausgegangen. Die Mehrzahl ihrer Vertreter verlegt die Entstehung der Bücher des Alten Testaments inzwischen ins vierte bzw. dritte Jahrhundert v.Chr., also in die Zeit nach dem Exil des Volkes Israel in Babylonien. Sie sieht die Bücher des Alten Testaments als Propagandaschriften, mit denen das aus dem Exil zurückgekehrte Volk Israel sich eine »imaginäre große Vergangenheit«[1] verschaffen wollte.

Der Alttestamentler und Altorientalist Kenneth A. Kitchen schreibt treffend mit Blick auf diese Entwicklung: »Zwischen der im Alten Testament dargestellten Entwicklung der israelitischen Geschichte, Religion und Literatur und den von der alttestamentlichen Forschung bisher vorgelegten allgemein anerkannten Rekonstruktionen besteht ein sehr gespanntes Verhältnis. Nirgends sonst in der altvorderasiatischen Forschung wurde – mit so starken Abweichungen von den vorliegenden dokumentarischen Zeugnissen – die literarische, religiöse und geschichtliche Entfaltung einer Nation derart umfassenden Rekonstruktionen unterworfen. Die Tatsache, dass Alttestamentler sich an diese ... Rekonstruktionen gewöhnt haben, ändert nichts an der grundsätzlichen Bedeutung dieser Situation, die

---

[1] Kenneth A. Kitchen, Das Alte Testament und der Vordere Orient, Gießen 2008, S. 2. Im weiteren Verlauf angegeben als: Kitchen, Das Alte Testament.

nicht als selbstverständlich hingenommen werden sollte«.[2]

Die Frage nach der Zuverlässigkeit der alttestamentlichen Geschichtsschreibung ist alles andere als eine rein akademische Angelegenheit: Wenn das Alte Testament tatsächlich nicht mehr als eine fiktive Propagandaschrift sein sollte, dann entfällt es als historische Basis für den Glauben an den Gott Israels, der ja auch der Vater Jesu Christi ist. Wenn die Überlieferungen des Alten Testaments nicht mehr sind als willkürliche, religiös-ideologische Geschichtsdarstellungen, dann hängt der Glaube an den Gott Abrahams, Isaaks und Jakobs, der das Volk Israel als sein Volk erwählte und aus diesem Volk seinen Sohn Jeschua kommen ließ, komplett in der Luft. Es ist nun einmal das hervorstechende Kennzeichen des biblischen Glaubens, dass er vom Handeln Gottes in Raum und Zeit spricht. Wenn diese historische Fundamentierung keinen Bestand hat, verliert auch der Glaube, der auf ihr ruht, seine Legitimation. Um nicht missverstanden zu werden: Der Glaube an den Gott der Bibel ist natürlich mehr als ein bloßes Fürwahrhalten historischer Fakten. Aber ohne die historische Basis wird er zu einer willkürlichen, rein subjektiven Angelegenheit.

Es ist darum das Anliegen dieses Buches, nach der historischen Zuverlässigkeit der alttestamentlichen Geschichtsschreibung zu fragen und anhand der Ergebnisse dieser Rückfrage die Entstehung des Alten Testa-

---

[2] Kenneth A. Kitchen, Alter Orient und Altes Testament, Wuppertal 1965, S. 11. Im weiteren Verlauf angegeben als: Kitchen, Alter Orient.

ments zu skizzieren. Dass diese Vorgehensweise prinzipiell möglich ist, liegt auf der Hand: Das Alte Testament enthält eine Fülle von Namen sowie detaillierten geografischen und zeitlichen Angaben. Es liefert zudem zahllose Beschreibungen von zeitgebundenen kulturellen Besonderheiten sowie viele Schilderungen konkreter geschichtlicher Vorgänge. All diese Angaben können mit bereits vorliegenden Zeugnissen der Geschichte des Vorderen Orients verglichen und so überprüft werden: Dafür stehen zum Beispiel die rund 20.000 Tontafeln von Mari (Syrien) aus dem 18. Jahrhundert v.Chr. zur Verfügung, aber auch die Tontafeln von Ebla und Ugarit, die hethitischen Keilschriftarchive (mehr als hundert Bände) sowie ganze Reihen von sumerischen, babylonischen und assyrischen Schrifttafeln, ägyptischen Hieroglyphen und nicht zuletzt die zahlreichen Funde und Erkenntnisse archäologischer Ausgrabungen.[3]

Angesichts des ungebrochenen Skeptizismus der bibelkritischen alttestamentlichen Wissenschaft, die die Rückfrage nach der historischen Zuverlässigkeit der Bibel mehr oder weniger zum Tabu erklärt, ist es umso nötiger, exakt diese Rückfrage unbeirrt zu stellen und zu nüchternen, an den Fakten gemessenen Antworten zu gelangen. Dies ist nicht zuletzt auch darum von großer Bedeutung, weil der Einfluss bibelkritischen Denkens in den christlichen Gemeinden und Gemeinschaften kontinuierlich zunimmt.

---

[3] Vgl. Kitchen, Das Alte Testament, S. 4.

TEIL I: Die Fünf Bücher Mose

1. Wie entstanden die Fünf Bücher Mose?

1.1. Die bibelkritische Quellentheorie

Bis hinein ins 18. Jahrhundert war es unumstritten, dass allein Mose als Verfasser der ersten fünf Bücher der Bibel in Frage kam. Das änderte sich, als der französische Arzt Jean Astruc im Jahr 1753 ein Buch veröffentlichte, in dem er die These vertrat, dass das 1. Buch Mose aus zwei großen Erzählungen entstanden sei. Diese zwei großen Erzählungen, man nennt sie auch kurz »Quellen«, seien – so meinte Astruc – zu unterschiedlichen Zeiten verfasst worden. Später habe man diese beiden Quellen ineinander verschränkt und so verbunden.[4]

Wie kam es zu dieser These?

Astruc hatte sich vor allem mit den zwei ersten Kapiteln des 1. Buches Mose beschäftigt und dabei Folgendes festgestellt: In Kapitel 1, das über die Erschaffung des Kosmos berichtet, wird für Gott das hebräische Wort »Elohim« verwendet. In Kapitel 2 dagegen, wo es vor allem um die Erschaffung des Menschen geht, wird für Gott das hebräische Wort »Jahwe« verwendet. Aus dieser Tatsache schloss Astruc, dass hier zwei Quellen zugrunde liegen müssten: *eine* Quelle, die nur den Gottesnamen »Elohim«, und eine weitere Quelle, die nur den Gottesnamen »Jahwe«

---

[4] Werner H. Schmidt, Einführung in das Alte Testament, Berlin, New York 1982, S. 44-45. Im weiteren Verlauf angegeben als: Schmidt, Einführung.

verwendet. Ohne das im Einzelnen beweisen zu können, nahm Astruc an, dass das gesamte 1. Buch Mose aus diesen zwei Quellen bestehen müsse: Jeder Textabschnitt, der den Gottesnamen »Elohim« gebrauche, gehöre zu einer elohistischen Quelle (E), und jeder Textabschnitt, der den Gottesnamen »Jahwe« gebrauche, gehöre zu einer jahwistischen Quelle (J).

Astruc hatte damals nur geringe Kenntnisse über die Welt des Alten Orients. Er hatte auch kaum Kenntnisse über die Nachbarvölker Israels, ihre Religion, ihre Lebensweise und ihre kulturellen Errungenschaften. Die Welt des Alten Orients war zu seiner Zeit noch so gut wie unerforscht. Auch die hebräische Sprache und die spezifische hebräische Art zu denken und sich auszudrücken, war Astruc nur wenig geläufig. So entwickelte er seine Quellentheorie, die sich vor allem auf die zwei verschiedenen Gottesnamen stützte, ohne mit der Welt der Bibel, des hebräischen Volkes und seiner Nachbarn vertraut gewesen zu sein. Der Theologe Dr. Horst W. Beck macht auf diese oft übersehene Tatsache aufmerksam: »Die literarkritischen Theorien über Entstehung und Abfassung der Genesis (= Das 1. Buch Mose – R.M.), ja des gesamten des Pentateuch (= die fünf Bücher Mose – R.M.), wurden entwickelt, bevor präzises archäologisches Datenmaterial zur Verfügung stand. Sie sind im Wesentlichen Schreibtisch-Hypothesen, die sich zu Konventionen von Wissenschaftlergruppen verdichtet haben. Sie sind heute zu revidieren.«[5]

---

[5] Horst W. Beck, Genesis, Aktuelles Zeugnis vom Beginn der Menschheit, Wort und Wissen Bd. 15, Neuhausen-Stuttgart 1983, S. 39. In weiterer Verlauf angegeben als: Beck, Genesis.

Die alttestamentliche Wissenschaft seiner Zeit griff Astrucs Quellentheorie auf und entwickelte sie weiter. Bald meinte man, die Quellen J und E nicht nur im 1. Buch Mose, sondern auch im 2., 3., und 4. Buch Mose erkennen zu können. Darüber hinaus galt nun das 5. Buch Mose als eine eigene Quelle, die etwa 700 Jahre nach Mose entstanden sein sollte. Diese Quelle wurde »D« genannt. Als Begründung diente eine Behauptung: Die Gottesvorstellungen des 5. Buches Mose seien so hoch entwickelt, dass sie unmöglich aus der Zeit des Mose stammen könnten. Dahinter stand die Vorstellung, dass sich die Religionen der Menschheit allmählich vom Polytheismus (Viel-Götter-Glauben) zum Monotheismus (Ein-Gott-Glauben) hochentwickelt hätten – eine Vorstellung, die heute widerlegt ist. Als vierte bedeutende Quelle wurde die sogenannte Priesterschrift (P) angenommen, die rund 800 Jahre nach Mose verfasst worden sein sollte. Weitere Quellen, eine »Seir-Quelle« (S), eine »kenitische Quelle« (K) und eine »Laienquelle« (L), wurden diskutiert, blieben aber umstritten. In der bibelkritischen alttestamentlichen Wissenschaft allgemein anerkannt wurden jedoch die Quellen J, E, D und P. Dies ist bis heute so geblieben.

J ist der Theorie nach um 850 v.Chr. entstanden, also rund 500 Jahre nach Mose.[6] Sie verwendet nur den Gottesnamen Jahwe und ist vor allem an biografischen Einzelheiten der biblischen Personen interessiert.

E ist, der Theorie nach, um 750 v.Chr. entstanden,

---

[6] Bei dieser Datierung wird vorausgesetzt, dass der Auszug aus Ägypten zwischen 1260-1250 v.Chr. stattfand. Vgl. Kitchen, Das Alte Testament, S. 400. Zur Frage der Datierung des Exodus siehe auch Teil I, 5. Der Auszug aus Ägypten.

also rund 600 Jahre nach Mose. Diese Quelle berichtet im Wesentlichen dasselbe wie J, ist aber besonders am Ursprung von Namen und Bräuchen interessiert. Sie benutzt ausschließlich den Gottesnamen Elohim.

D (das 5. Buch Mose) ist, so die Theorie, um 620 v.Chr. entstanden, also rund 700 Jahre nach Mose. D bevorzugt keinen der beiden Gottesnamen, lehrt aber, dass man Gott ausschließlich an *einem* Ort opfern dürfe. Möglicherweise wurde D – so die Annahme – um 620 v.Chr. im Auftrag des hebräischen Königs Josia geschrieben. Sie sollte begründen, warum nur in Jerusalem Gott Opfer gebracht werden dürften. Allerdings erwähnt das 5. Buch Mose die Stadt Jerusalem nicht ein einziges Mal! D vertritt angeblich den Glauben an nur einen Gott in besonders reiner Form und kann darum – so die Theorie – erst spät entstanden sein. Hinter dieser Ansicht steht die These, dass das Volk Israel zunächst viele Götter verehrte und sich erst allmählich zum Glauben an nur einen Gott hochentwickelte.

P, die sogenannte Priesterschrift, verwendet nach Sicht der Quellentheorie wie E den Gottesnamen Elohim. Das verkompliziert natürlich die Unterscheidung der beiden Quellen. P ist aber – so die Behauptung – an Opfervorschriften, Anweisungen für Priester, Stammbäumen und Namenslisten interessiert. Die Priesterschrift P ist (angeblich) um 530 v.Chr. entstanden, also rund 800 Jahre nach Mose. Ihre Berichte über die Stiftshütte, ihre Vorschriften für die Priester und ihre Anweisungen für die Durchführung der Tieropfer sind – so die Annahme – durchweg Rückprojektionen späterer Zeit in die Zeit der Wüstenwanderung des Volkes Israel.

Alle vier Quellen sind nun der Theorie nach so geschickt verbunden worden, dass ein geschlossenes Ganzes entstand. Eine Verfasserschaft des Mose wird allerhöchstens für geringe Teile der Fünf Bücher Mose zugestanden, und das, obwohl die Bibel Mose mehrfach und ausdrücklich Mose als Verfasser nennt. Mose fungiert aus bibelkritischer Sicht lediglich als weitgehend fiktive Zentralfigur eines literarischen Werkes, das viele Jahrhunderte nach Mose entstand.

Die Aufteilung der Fünf Bücher Mose in (mindestens) vier Quellen hat sich in der alttestamentlichen Wissenschaft rasch durchgesetzt. An theologischen Fakultäten, in Lehrbüchern, in Gemeinden und Schulen wird sie als gesicherte Erkenntnis präsentiert. Verschwiegen wird dabei in aller Regel, dass jede dieser vier Quellen reine Hypothese ist. Keine einzige der bisher von Archäologen gefundenen alten Fragmente der Fünf Bücher Mose stützt die Quellentheorie. Auch die in Qumran in Höhle 4 entdeckten und vergleichsweise gut erhaltenen Texte der Fünf Bücher Mose erlauben nur einen Schluss: Sie wurden immer schon als Einheit weitergegeben, nicht aber als unabhängige Quellen.[7]

1.2. Die bibelkritische Quellentheorie unter der Lupe

Dreh- und Angelpunkt der Quellentheorie ist die Behauptung, dass die Quelle J nur den Namen Jahwe, die Quelle E dagegen ausschließlich den Namen Elohim für Gott verwendet. Mit dieser Voraussetzung geht man nun

---

[7] Avraham Negev (Hrsg.), Archäologisches Bibellexikon, Neuhausen-Stuttgart 1986, S. 453.

an die Texte der Mosebücher heran und sortiert: Taucht in einem Textabschnitt der Gottesname Jahwe auf, gehört der Einzelabschnitt zu J, taucht dagegen Elohim auf, gehört er zu E. Man arbeitet also mit einem rein formalen Kriterium: Taucht das entsprechende »Codewort« (Jahwe bzw. Elohim) auf, wird der entsprechende Textabschnitt automatisch der Quelle J oder E oder auch P zugeschlagen.

Die bibelkritische Quellentheorie hat im Kern nichts anderes als das Kriterium der wechselnden Gottesnamen. Alles, was sonst noch an Wortstatistiken, inhaltlichen Überlegungen usw. zur Begründung der Quellentheorie angeführt wird, sind sekundäre Argumente, die für sich genommen nicht stichhaltig sind und die Quellentheorie nicht stützen können. Bis heute hängt alles an der Stichhaltigkeit der Behauptung, dass die Gottesnamen Jahwe und Elohim Kennzeichen zweier Quellen sind.

Eine Nachprüfung ergibt aber, dass das Kriterium der wechselnden Gottesnamen als Kriterium zur Quellenscheidung denkbar ungeeignet ist.

Betrachtet man die Religionen von Israels Nachbarn, stellt man sehr rasch fest: Kein einziges Volk hat jemals seinen obersten Gott mit nur einem Namen angeredet.[8] Der oberste ägyptische Gott Osiris wird auch noch Wennofer, Chentamentin und Neb'Abdschu genannt.[9] Trotzdem käme kein Ägyptologe auf den Gedanken

---

[8] Kitchen, Alter Orient, S. 51. und G. L. Archer, Einleitung in das Alte Testament Bd. 1, Bad Liebenzell 1987/89, S. 150-152 (im weiteren Verlauf angegeben als: Archer, Einleitung).

[9] Kitchen, Alter Orient, S. 51.

»osiristische«, »wennoferistische«, »chentamentinische« oder »neb'abdschuristische« Quellen anzunehmen. Und das, obwohl gerade die alten ägyptischen religiösen Texte manchmal recht weitschweifig sein können, und damit Gelegenheit genug böten, sie in Quellen zu zerlegen.[10] Dass dies nicht geschieht, hängt damit zusammen, dass diese Texte innerhalb kurzer Zeit entstanden sind und dann in Stein gemeißelt wurden.[11] Eine jahrhundertelange Entwicklung oder Verschmelzung haben sie also nicht hinter sich.

Der babylonische Schöpfungsmythos Enuma Elischtragen präsentiert gleich drei Gottheiten mit Doppelnamen.[12]

In Griechenland war der Gottkönig Zeus auch als Kronion oder Olympos bekannt. In den Werken des griechischen Schriftstellers Homer taucht er unter diesen Namen auf. Aber auch von den Werken Homers wird ohne Infragestellung angenommen, dass sie von Homer und von niemandem sonst stammen.

Interessant ist in diesem Zusammenhang auch der Koran, als dessen Verfasser Mohammed gilt. Mohammed verwendete zwei Namen für Gott: Allahu und Rabbu. In 24 Suren kommt der Name Rabbu nicht vor, sondern ausschließlich Allahu. Umgekehrt taucht in 21 anderen Suren ausschließlich Rabbu auf und Allahu nicht.

Daraus folgt: Die Völker des Alten Orients benannten ihre obersten Götter durchaus mit verschiedenen Namen,

---

[10] Ebd.

[11] Ebd.

[12] Ebd., S. 52 und Anm. 318, S. 108.

ohne dass daraus auf zugrundeliegende Quellen geschlossen werden kann. Die Annahme der bibelkritischen alttestamentlichen Wissenschaft, dass der oberste Gott immer nur einen Namen haben könne, geht an der Wirklichkeit vorbei. Keinesfalls kann also mit dem Kriterium wechselnder Gottesnamen auf verschiedene zugrundeliegende Quellen geschlossen werden.

Nun tauchen aber in der Bibel und natürlich auch in den Fünf Büchern Mose hin und wieder auch Doppelnamen für Personen, Orten oder Bevölkerungsgruppen auf. Auch sie weisen nicht auf unterschiedliche Quellen hin, wie der Vergleich mit den Spracheigentümlichkeiten anderer Völker des Vorderen Orients zeigt. Im alten Ägypten beispielsweise gab es viele prominente Persönlichkeiten mit Doppelnamen. König Sebek-chu wurde auch Dschaa genannt, vergleichbar mit dem Doppelnamen Jakob/Israel.[13]

Für die Bewohner Kanaans[14] waren in Ägypten sogar gleich drei Bezeichnungen in Gebrauch: Mentin-Setet, Retenu und Amu, vergleichbar mit der Doppelbezeichnung Kanaaniter und Amoriter im Alten Testament.

Die Stadt Memphis[15] in Ägypten trug gleichzeitig sogar fünf Namen: Mennefer, Ineb-hedsch, Inbu, Inebheqa und Hatkuptah. Das Land Ägypten hieß gleichzeitig Kennit und Ta-meri. Es besteht also kein Anlass, hinter der Doppelbezeichnung Sinai/Horeb für den Berg der Offenbarung der Zehn Gebote verschiedene Quellen anzunehmen.

---

[13] Ebd., S. 51.
[14] Ebd.
[15] Ebd.

Es wird deutlich: Die bibelkritische Quellenscheidung ist ein ungeeignetes Werkzeug zum Verstehen und Erschließen der Mosebücher, denn sie bewirkt eine künstliche Zerteilung der Texte. Das wird an einzelnen Stellen besonders augenfällig. Es ist interessant, die historisch-kritischen Kommentare zum Sintflutbericht (1Mo 6-8) zu studieren. Im Sintflutbericht tauchen nämlich beide Gottesnamen (Jahwe und Elohim) auf. Die bibelkritische Forschung ist nun genötigt, den Sintflutbericht in kleine Teile zu zerstückeln. Sie erhält anstelle eines vollständigen und lückenlosen Sintflutberichtes zwei unvollständige und lückenhafte. Trotzdem wird behauptet, dass der Text dazu »nötige«[16], eine Quellenscheidung vorzunehmen. Die Frage ist, wer hier eigentlich wen »nötigt«: der Text den Exegeten oder der Exeget den Text?

Ein besonders eindrückliches Beispiel für die zum Teil absurden Resultate, zu denen die Quellenscheidung führt, findet sich in 1. Mose 30,23-24. Dort heißt es von Jakobs Frau Rahel: *»Und sie wurde schwanger und gebar einen Sohn. Da sagte sie: Gott hat meine Schmach weggenommen. Und sie gab ihm den Namen Josef und sagte: Der Herr füge mir einen anderen Sohn hinzu!«* Rahels Worte sind ein kunstvolles Wortspiel[17]: Weggenommen heißt auf Hebräisch *josef* und stammt von dem Verb *asaf*. Hinzufügen heißt auf Hebräisch auch *josef*, stammt aber von dem Verb *jasaf*. Die Verse 23-24 bilden also ein Wortspiel mit dem Wort Josef,

---

[16] Schmidt, Einführung, S. 50.
[17] Archer, Einleitung, S. 158.

dem Namen des Neugeborenen. Die Quellenscheidung zerschlägt nun dieses Wortspiel und weist Vers 23 E und Vers 24 J zu. Auch an dieser Stelle siegt die Theorie über den Text.

Zur Stützung der Quellentheorie wird auch immer wieder als Nebenargument angeführt, die Quellen J, E und P hätten in sich einen bemerkenswert einheitlichen und charakteristischen Wortschatz. Diese Tatsache weise deutlich darauf hin, dass J, E und P als selbständige Quellen existiert hätten. Von Deutlichkeit kann aber keine Rede sein. Das wird klar, wenn man darauf achtet, wie diese »Quellen« zusammengestellt werden. Dies geschieht nämlich nicht allein durch das Kriterium des Gottesnamens, sondern auch durch inhaltliche Kriterien. J erhält alle anschaulichen biographischen Erzählungen. P werden alle Texte zugeschlagen, die Namenslisten, Stammbäume und Vorschriften für den Opferkult enthalten. E dagegen bekommt all die Textpassagen zugesprochen, die Namen von Personen oder Orten erklären. Sind die Texte in dieser Weise zugeordnet worden, wird darauf hingewiesen, dass Wortschatz und Stil jeder Quelle bemerkenswert einheitlich seien. Dies wird dann als Beweis für ihre frühere Existenz als selbständige Quellen gewertet.

Hier liegt aber ein klassischer Zirkelschluss vor. In einem ersten Schritt setzt man voraus, dass bestimmte Quellen existieren und ordnet ähnliche Texte je einer bestimmten Quelle zu. In einem zweiten Schritt stellt man dann fest, dass die Quellen sprachlich und inhaltlich einheitlich seien und wertet dies als Beweis dafür, dass es diese Quellen tatsächlich gab. Tatsächlich aber hat man nur »bewiesen«, was man zu Beginn vorausgesetzt hat.

Nun kommt es aber vor, dass in einem Textabschnitt, der zum Beispiel für J oder E typisch sein soll, ein Wort auftaucht, das eigentlich für P typisch ist. Es ist nun aufschlussreich, wie die bibelkritische Forschung in einem solchen Fall verfährt. Der Bericht über die Froschplage in Ägypten (2Mo 8,1-15) zum Beispiel wird allgemein J zugeschrieben, denn er gebraucht für Gott das Wort Jahwe. Nun taucht aber in den Versen 4, 8, 12 und 13 Moses Begleiter Aaron auf. Aaron aber gilt als fiktive Figur von P. Anstatt nun zuzugeben, dass offensichtlich auch J von Aaron redet (und J damit ein wesentliches Stück seiner Einheitlichkeit verliert), werden die Worte »und Aaron« einem unbekannten Redaktor zugeschrieben, der Aaron an dieser Stelle in den J-Text eingeschmuggelt habe.

Man führe sich vor Augen, was hier abläuft: Erst wird behauptet, dass J, E und P einheitlich in ihrem Wortschatz sind. Wo sie das aber offensichtlich nicht sind, schreibt man die störenden Worte einem späteren Redaktor zu. Damit ist die Einheitlichkeit der Quellen J und P gerettet. Mit anderen Worten: Alles, was nicht in die vorgefasste Quellentheorie passt, wird einfach gestrichen. Die biblischen Texte müssen auf diese Weise das sagen, was die Theorie verlangt. Wissenschaftlich redlich ist ein solches Vorgehen nicht!

Es ist in diesem Zusammenhang wichtig zu erwähnen, dass es in den Fünf Büchern Mose natürlich ganz unterschiedliche Textformen gibt. Es gibt biografische Berichte, Namenserklärungen, Listen, Opfervorschriften, Stammbäume usw. Die haben natürlich einen je eigenen Wortschatz. Ein politischer Kommentar heute hat ja auch einen anderen Wortschatz als ein religiöses Lied. Das berechtigt aber nicht dazu, einfach verschiedene Quellen anzunehmen. So arbeitet beispielsweise der Journalist Christoph Zehendner als Redakteur beim Südwestrundfunk in Stuttgart und ist durch scharfsinnige politische Kommentare zum Zeitgeschehen bekannt. Gleichzeitig schreibt Zehendner aber auch von Zeit zu Zeit geistliche Lieder für die Gemeinde. Seine politischen Kommentare haben natürlich einen völlig anderen Wortschatz als seine Lieder. Trotzdem stammen beide erwiesenermaßen vom selben Autor.[18]

In diesem Zusammenhang ist es hilfreich, noch einmal einen Blick auf die Nachbarvölker Israels zu werfen. Die biografische Inschrift eines ägyptischen Beamten namens Uni zum Beispiel, die etwa 2400 v.Chr. entstand, umfasst flüssige Erzählungen (wie J), zusammenfassende Feststellungen (wie P), zwei verschiedene Refrains, die zwischendurch wiederholt werden und eine Siegeshymne. Und doch stammt der gesamte Text von einer einzigen Person, die diese Texte verfasst hat.[19]

Es zeigt sich, wie gefährlich es ist, mit vorgefassten Theorien an die biblischen Texte heranzugehen. Das gilt auch und besonders für den Berichtstil der Fünf Bücher Mose: Die biblischen Autoren haben zum Beispiel die Eigentümlichkeit, bestimmte Dinge zu wiederholen, um

---

[18] www.christoph-zehendner.de
[19] Kitchen, Alter Orient, S. 52.

sie auf diese Weise besonders zu betonen. Die bibelkritische Forschung hat dieses simple Faktum oft genug einfach nicht zur Kenntnis genommen und hinter zusammenfassenden Wiederholungen verschiedene Quellen vermutet. Die Wiederholungen lassen sich jedoch viel natürlicher und schlüssiger als eine für die Bibel typische Ausdrucksweise erklären, die in ähnlicher Weise auch aus anderer antiker Literatur bekannt ist.

Das gilt auch im Hinblick auf die wechselnden Gottesnamen Jahwe und Elohim. Die bibelkritische Forschung konstruierte aus diesen zwei verschiedenen Namen zwei verschiedene Quellen. Es gibt aber für den Gebrauch der zwei verschiedenen Gottesnamen eine sehr einfache und einleuchtende Erklärung, die sich dann erschließt, wenn man die biblischen Texte genau liest. Elohim wird vor allem dann benutzt, wenn von Gott dem allmächtigen Schöpfer des Weltalls und dem Herrn über die Natur und den Menschen im Allgemeinen die Rede ist. Jahwe hingegen ist in der Bibel der Bundesname Gottes. Dieser Name wird vor allem dann gebraucht, wenn es um die vertraulichen Beziehungen zwischen Gott und dem Menschen geht. Diese einfache Beobachtung erklärt auf einleuchtende Weise den Wechsel der beiden verschiedenen Gottesnamen, ohne dass dabei eine hypothetische Quellentheorie bemüht werden muss.

Der Versuch der bibelkritischen Forschung, die Fünf Bücher Mose auf verschiedene Quellen zu verteilen und so Mose als Verfasser weitgehend auszuschließen, darf als unbegründet angesehen werden. Die Annahme, dass unterschiedliche Gottesnamen auf unterschiedliche

Quellen hinweisen, hat sich als vorschnell erwiesen. Die Rekonstruktion der angeblichen Quellen J, E, D und P beruht auf einem unzulässigen Zirkelschluss. Die Quellenscheidung löst keine Probleme, sondern bringt neue hervor. Sie bricht einheitliche biblische Texte in künstlicher Weise auf, um sie für eine vorgefasste Quellentheorie passend zu machen.

2. Widersprüche im Schöpfungsbericht (1Mo 1-2)?

Wie bereits gezeigt, geht die historisch-kritische Bibelauslegung davon aus, dass die ersten fünf Bücher der Bibel nicht von einem einzigen Verfasser, nämlich Mose, stammen, sondern erst Jahrhunderte nach Mose entstanden sind. Die Bibelkritik weist nun den ersten Teil des Schöpfungsberichtes (1Mo 1,1-2,4a) dem bereits erwähnten priesterlichen Autorenkollektiv zu (kurz »P« genannt), das angeblich im 6. Jahrhundert v.Chr. tätig war. Den zweiten Teil des Schöpfungsberichtes führt sie auf einen anderen Erzähler zurück, der im 9. Jahrhundert v.Chr. gelebt haben soll und unter dem Kürzel »J« geführt wird.

Nun meint die Bibelkritik, verschiedene Widersprüche zwischen dem ersten (1Mo 1,1-2,4a) und dem zweiten Teil (1Mo 2,4b-25) des Schöpfungsberichtes zu erkennen, und versucht auf diese Weise, ihre Behauptung zu untermauern, dass die fünf Bücher Mose auf verschiedene Verfasser (Quellen) zurückgehen müssen.

Welches sind nun die vermeintlichen Widersprüche zwischen dem ersten und dem zweiten Teil des Schöpfungsberichtes?

Erster Einwand der historisch-kritischen Bibel-auslegung: 1. Mose 2,4b setzt voraus, dass die Schöp-fung an *einem* Tag geschehen ist, während 1. Mose 1,1-31 von einer Sechs-Tage-Schöpfung ausgeht. 1. Mose 2,4b-25 ist also ein zweiter, abweichender Schöpfungs-bericht.

Bevor auf diesen Einwand näher eingeganen wird, eine Bemerkung vorweg. Es gibt in der altorientalischen Literatur viele Schöpfungserzählungen. Alle berichten in irgendeiner Weise von der Erschaffung der Erde, der Himmelskörper und des Meeres. Das, was ab 1. Mose 2,4b berichtet wird, kann allein schon darum kein Schöpfungsbericht im umfassenden Sinn sein, weil es nichts über die Erschaffung von Universum, Erde und Meer berichtet. Der zweite Teil des Schöpfungsberichtes muss darum eine andere Absicht haben. Beim näheren Hinsehen erschließt sich diese Absicht ohne Schwierig-keiten. Der zweite Teil des Schöpfungsberichtes hat nämlich vor allem den Menschen im Blick. Es geht ihm nicht um die chronologische Reihenfolge der Schöp-fungswerke, sondern um die Bedeutung der Schöp-fungswerke für den Menschen. Der zweite Teil des Schöpfungsberichtes greift einzelne Details auf, vertieft sie und erklärt sie näher. Wie das Tele-Objektiv einer Kamera holt er bestimmte Details aus dem ersten Teil des Schöpfungsberichtes näher heran. Er ergänzt und kommentiert also und setzt dabei den ersten Teil des Schöpfungsberichtes voraus. Übersieht man diese Tatsache, geht man am Charakter und der eigentlichen Stoßrichtung von 1. Mose 2,4b-25 vorbei!

Nun zu dem ersten Einwand im Detail. In 1. Mose

2,4b heißt es: »*Es war am Tag, als Gott, der Herr, Himmel und Erde machte ...*« Im Gegensatz zu 1. Mose 1,5 fehlt hier die Zahlenangabe zu dem Tag, und es fehlt auch die Wendung »*aus Abend und Morgen*«. Das Wort »Tag« wird hier also allgemein gebraucht. Eine korrekte Übersetzung müsste darum lauten: »*Es war zu der Zeit, als Gott, der Herr, Himmel und Erde machte.*« In manchen Bibelübersetzungen ist das auch bereits richtigerweise so übersetzt! Und damit ist klar: 1. Mose 2,4b ist eine kurze Rückschau, eine Rückerinnerung: »*Es war zu der Zeit, als ...*« Es wird hier also an die Sechs-Tage-Schöpfung erinnert. Der Leser wird darauf vorbereitet, dass jetzt weitere Details aus dem Schöpfungsgeschehen folgen werden. Ein Widerspruch besteht nicht!

Zweiter Einwand der historisch-kritischen Bibelauslegung: Nach 1. Mose 1 war die Erde zuerst mit Wasser umgeben, nach 1. Mose 2,5 aber fehlte die Feuchtigkeit zunächst noch, denn in 1. Mose 2,5 heißt es: »*Es war aber noch kein Strauch des Feldes gewachsen auf der Erde, noch irgendein Kraut auf dem Feld; denn Gott der Herr hatte es noch nicht regnen lassen auf der Erde, und es war kein Mensch da, um das Land zu bebauen.*«

Der (scheinbare) Widerspruch löst sich wiederum, wenn man bedenkt, dass 1. Mose 2,5-6 den Bericht in 1. Mose 1 voraussetzt. Dort wird berichtet, dass am 3. Schöpfungstag Wasser und Land geschieden wurden. Das Trockene wurde sichtbar. Ohne Bewässerung nun wäre diese Landoberfläche bald ausgetrocknet. Sie hätte mangels Bewässerung keinen Pflanzenbewuchs haben können. 1. Mose 2,5-6 erklärt also den 3. Schöpfungstag näher und stellt fest: Das sichtbar gewordene trockene Land musste bewässert werden, sonst wäre kein Pflanzenwuchs möglich gewesen. 1. Mose 2,6 zeigt dann auch, wie Gott die Bewässerung sicherstellte: nämlich durch einen feinen Wassernebel (1Mo 2,6).

Zusätzlich stellt 1. Mose 2,5 auch noch fest, dass am dritten Schöpfungstag noch kein Mensch da war, der das Land kultivieren konnte. Diese Tatsache wird hier schon erwähnt, weil genau dies, nämlich die Bebauung und Kultivierung des Landes später zum Auftrag Gottes an den Menschen gehörte.

Dritter Einwand der historisch-kritischen Bibelauslegung: Nach 1. Mose 1,27 wurden Mann und Frau gleichzeitig erschaffen, nach 1. Mose 2,7.18-24 aber wurden sie nacheinander gemacht.

Auch dieser (scheinbare) Widerspruch löst sich, wenn 1. Mose 2,7 als ergänzende Detail-Information zu 1. Mose 1,27 gesehen wird: 1. Mose 2,7 führt die allgemeine Feststellung von 1. Mose 1,27 näher aus. Erst wird (in 1Mo 1) das Allgemeine festgestellt (die Erschaffung des Menschen am sechsten Schöpfungstag), danach in 1. Mose 2,7 die näheren Details.

Vierter Einwand der historisch-kritischen Bibelauslegung: Die Reihenfolge der Erschaffung von Pflanzen und Mensch sind verschieden. In 1. Mose 1,11-12 und 1. Mose 1,26-27 werden erst die Pflanzen und dann der Mensch geschaffen. In 1. Mose 2,5 aber heißt es, dass noch keine Pflanzen da gewesen seien, als der Mensch gemacht wurde: *»Es war aber noch kein Strauch des Feldes gewachsen auf der Erde, noch* *irgendein Kraut auf dem Feld, denn Gott, der Herr, hatte noch nicht regnen lassen auf die Erde, und es gab auch keinen Menschen, den Erdboden zu bebauen.«*

Zunächst ist eines wichtig: 1. Mose 2,5 trifft eine Reihe von Feststellungen. Zunächst wird festgestellt: Am 3. Schöpfungstag gab es zunächst noch keine Pflanzen. Dann folgt eine Begründung: Gott hatte noch nicht für eine Befeuchtung des Landes gesorgt. Danach kommt noch eine Feststellung: Es war auch noch kein Mensch da, um das Land zu bebauen. Eine Zeitangabe, *wann* der Mensch geschaffen wurde, wird hier nicht gegeben. Sie ist auch nicht nötig, denn es geht hier nicht um die zeitliche Reihenfolge der Ereignisse, sondern um die Bedeutung, die das Land und die Pflanzen für den Menschen haben werden. Er soll sie nämlich bebauen und bewahren. Bleibt man ganz nahe am hebräischen Urtext, kommt dieser Sachverhalt auch deutlich heraus! Die wortwörtliche Übersetzung lautet: *»Für die Zeit, da Gott, der Herr, Erde und Himmel machte, gilt: Es gab zunächst noch kein Gesträuch des Feldes auf der Erde und noch war kein Kraut des Feldes gesprosst«* (1Mo 2,4-5).

Eine genaue Zeitangabe wird hier nicht gemacht. Aber aus dem ersten Teil des Schöpfungsberichtes ist klar: Es muss zu Beginn des 3. Schöpfungstages gewesen sein. Der biblische Bericht fährt nun fort (1Mo 2,5-6): *»Denn Gott, der Herr, hatte es noch nicht regnen lassen auf die Erde, und es gab auch keinen Menschen, den Erdboden zu bebauen. Da stieg Feuchtigkeit auf von der Erde und bewässerte die ganze Oberfläche des Erdbodens.«* Nun also konnte die Vegetation wachsen. *»Da bildete Gott der*

Herr den Menschen, Staub von der Erde (Wann? Am 6. Schöpfungstag)*, und blies den Odem des Lebens in seine Nase, und so wurde der Mensch eine lebendige Seele«* (1Mo 2,7). Nun konnte der Mensch den Ackerboden bebauen. Es wird deutlich: Beide Teile des Schöpfungsberichtes ergänzen sich gegenseitig und greifen genau ineinander.

Fünfter Einwand der historisch-kritischen Bibelauslegung: Die Reihenfolge bei der Erschaffung von Tieren und Menschen in 1. Mose 2,19 ist anders als in 1. Mose 1. In 1. Mose 1 werden erst die Tiere und dann der Mensch geschaffen, in 1. Mose 2,19 wird dagegen erst der Mensch und dann werden die Tiere gemacht. Der Mensch ist nämlich schon da, als Gott die Tiere macht: *»Und Gott der Herr bildete aus dem Erdboden alle Tiere des Feldes und alle Vögel des Himmels und brachte sie zu dem Menschen, um zu sehen, wie er sie nennen würde.«*

Auch hier löst sich die Schwierigkeit, wenn man akzeptiert, dass 1. Mose 2 den Bericht in 1. Mose 1 voraussetzt. Dann wird nämlich in 1. Mose 2,19 nicht die Erschaffung der Tiere geschildert, sondern es wird auf die einfache Tatsache hingewiesen, dass es schon Tiere gab! Das Wort »machte« müsste dann mit Plusquamperfekt übersetzt werden: *»Gott, der Herr, hatte aus Erde alle die Tiere gemacht ...«*

Diese Übersetzung ist keineswegs willkürlich oder künstlich. Das Hebräische kennt nämlich nur zwei Zeitformen. Der Textzusammenhang muss jeweils Klarheit darüber geben, welche Zeitform angemessen ist. Eine hebräische Grammatik[20] erklärt diesen Sach-verhalt folgendermaßen: »Für die Zeiten (Vergangen-heit, Gegenwart und Zukunft) hat das hebräische Verbum keine besonderen Formen. Es bezeichnet nur die Handlung als vollendet, fertig, abgeschlossen oder als unvollendet, dauernd, werdend. Die erstere Form heißt darum Perfekt, die zweite Imperfekt, aber in ganz anderem Sinne, als diese Namen für Tempora im Lateinischen usw. gebräuchlich sind. Von diesen Tempora fallen vielmehr in den Bereich des hebräischen Perfekts: Perfectum praesens, Plusquamperfectum, Praesens perfectum, Futurum exactum. Außerdem ist das Perfekt (wie das lateinische) das Tempus historicum, der griechische Aorist. In den Bereich des hebräischen Imperfekts fallen: Futurum, Imperfectum, Praesens imperfectum.«[21]

Die Übersetzung mit dem Plusquamperfekt (hatte gemacht) passt gut in den Textzusammenhang, weil es nicht um zeitliche Reihenfolgen geht, sondern um die Bedeutung, die die Tiere für den Menschen als Herr-scher über die Schöpfung haben.

Schaut man in die Bibel, stellt man fest, dass es eine Reihe weiterer gleichartiger Satzkonstruktionen gibt, wie sie in 1. Mose 2,19 vorliegt. Ein Beispiel (Jos 2,22): Nachdem die Kundschafter Israels durch die Hilfe der Prostituierten Rahab aus Jericho entkommen waren,

---

[20] W. Baumgartner (Hrsg.), Hollenberg-Budde Hebräisches Schulbuch, Basel und Stuttgart 1971.

[21] Ebd., § 17 S. 27-28. Vgl. Kitchen, Alter Orient, Anmerkung 302, S. 107.

heißt es dort: *»Sie aber gingen weg und kamen aufs Gebirge und blieben drei Tage dort, bis die zurückgekehrt waren, die ihnen nachjagten. Denn sie* (Plusquamperfekt!) *hatten sie gesucht auf allen Straßen und doch nicht gefunden.«*

Auch hier muss aus dem Textzusammenhang erschlossen werden, welche Zeitform die richtige ist. Es ist offensichtlich, dass nur das Plusquamperfekt die richtige Zeitform sein kann. 1. Mose 2,18-19 hat nun dieselbe Satzkonstruktion wie Josua 2,22. Diese Tatsache unterstreicht, dass auch hier (wie in Jos 2,22) mit Plusquamperfekt (also der Zeitform für die vollendete Vergangenheit) übersetzt werden muss. Ein Widerspruch zwischen den beiden Teilen des Schöpfungsberichtes besteht auch hier nicht!

Fazit: 1. Mose 2 beansprucht nicht, ein eigener unabhängiger Schöpfungsbericht zu sein. Er ist Ergänzung und Kommentar zu 1. Mose 1. Er berichtet nicht zeitliche Reihenfolgen, sondern erläutert bestimmte Details der Schöpfung in ihrer besonderen Bedeutung für den Menschen.

3. Wer schrieb die Berichte der Urgeschichte?

Die Berichte der Urgeschichte (1Mo 1-11) schildern Ereignisse, die sich lange vor Moses irdischen Lebzeiten abgespielt haben. Das heißt: Mose kann sie nicht selbst verfasst, sondern muss sie bereits vorgefunden und dann in die Fünf Bücher Mose integriert haben. Damit stellt sich die Frage: Wer war es, der die Berichte der Urgeschichte im Original schrieb?

Diese Frage lässt sich heute recht genau beantworten. Es lässt sich zeigen, dass die Berichte der Urgeschichte sehr wahrscheinlich auf historisch zuverlässige und von Anfang an auch schriftlich formulierte Chroniken zurückgehen.

Archäologische Ausgrabungen in der Nähe von Aleppo, in Nordsyrien, förderten vor einigen Jahrzehnten eine Sensation zu Tage: In einem Grabungshügel namens *Ebla* wurde in einem antiken Palast eine Bibliothek ausgegraben. Wahrscheinlich war es nur eine Nebenbibliothek. Aber sie enthielt doch immerhin 20.000 säuberlich beschriftete Tontafeln, in die mit einem Metallstift Texte eingedrückt worden waren.

Man fand Wörterbuchtafeln, um fremdsprachige Dokumente übersetzen zu können. Man fand Gesetzessammlungen. Man fand Briefe, Steuerlisten und Verträge, und man fand Chroniken (also Geschichtsberichte) und Genealogien (Stammbäume). Die Tontafeln von Ebla konnten ziemlich genau datiert werden. Sie stammen aus dem 3. Jahrtausend v. Chr. (2400- 2300 v.Chr.). Die Funde von Ebla beweisen: Mindestens 500 Jahre vor Abraham (Abraham lebte im frühen 19. Jahrhundert v.Chr.[22]), gab es im Vorderen Orient eine

---

[22] Abraham, Isaak und Jakob haben zwischen 1900-1600 v.Chr. gelebt. (Vgl. Kenneth A. Kitchen, Das Alte Testament und der Vordere Orient, Gießen 2008, S. 465.) Abraham könnte um 1880 v.Chr. geboren worden sein. Isaak in der Mitte oder im späten 19. Jahrhundert. Wenn – wie noch zu zeigen sein wird – der Auszug aus Ägypten zwischen 1250-1260 v.Chr. stattfand und das Volk Israel sich insgesamt 430 Jahre in Ägypten aufhielt (2Mo 12,40-41), muss Jakob um 1690-1680 v.Chr. in vorgerücktem Alter in Ägypten angekommen sein. Die Ankunftszeit Josefs in Ägypten kann auf die Zeit zwischen 1720-1700 festgelegt werden. (Vgl. Kenneth A. Kitchen, Das Alte Testament und der Vordere Orient, Gießen 2008,

ausgefeilte Schreibkultur, Schreibschulen und eine intensive Korrespondenz. Andere Ausgrabungen brachten dann Tontafeln ans Licht, die sogar noch älter waren und etwa auf das Jahr 3000 v.Chr. datiert werden konnten. Sie bewiesen, dass sogar 1000 Jahre, bevor Abraham lebte, eine hochentwickelte Schreibkultur existierte.[23]

Das Interessanteste dabei ist: Eventuelle Vorstufen dieser Schreibkultur konnten nicht ermittelt werden. Die Schreibkunst bewegt sich, soweit sie sich überhaupt zurückverfolgen lässt, von vornherein auf einem sehr hohen Niveau. Nach allem, was sich aus archäologischer Sicht sagen lässt, war die Schreibkunst also nicht eine späte Errungenschaft der Menschen, sondern reicht bis in die Anfänge der Menschheit zurück. Grundsätzlich steht der Annahme nichts im Wege, dass auch Abraham und Noah (oder sogar Adam) schriftliche Aufzeichnungen auf Tontafeln angefertigt haben könnten. Die Funde von Ebla zeigen jedenfalls, dass die Schreibkunst im 3. Jahrtausend v.Chr. bereits in vollem Gange war. Das legt nahe, dass auch schon vor dem dritten Jahrtausend geschrieben und berichtet wurde.

S. 465.) – Die in diesem Buch vorgetragenen Datierungen folgen im Wesentlichen der Linie, die K. A. Kitchen in seinem Buch: Das Alte Testament und der Vordere Orient, Gießen 2008, vorgestellt hat. Interessante Überlegungen zu Datierungsfragen bezüglich der Geschichte des Volkes Israel sind auch der folgenden Publikation zu entnehmen: Richard Wiskin, Das biblische Alter der Erde, Neuhausen-Stuttgart 1994. Eine andere, als die in diesem Buch zugrundegelegte Chronologie vertritt Eugene H. Merrill, Die Geschichte Israels – Ein Königreich von Priestern, Hänssler Theologie, 2001 Holzgerlingen, S. 147-148. 751. Ders., Fixed Dates in Patriachal Chronology, Bibliotheca Sacra 137, 1980, S. 242-252.

[23] Vgl. Beck, Genesis, Neuhausen-Stuttgart 1983, S. 41f. 44-45.

Der Theologe Horst W. Beck bemerkt dazu: »Schon Wiseman hat die Auffassung vertreten, dass die literarkritischen Quellenscheidungs-Hypothesen nie entwickelt worden wären, wenn die Wissenschaftler jener Zeit die archäologischen Kenntnisse besessen hätten, die wir heute haben. Vor allem hat die durchgängig nur auf Konvention beruhende sehr späte Ansetzung der Schreibkunst, besonders des Schriftgebrauchs im Bereiche des die israelitische Volksgeschichte rahmenden Kulturraumes, zu kapitalen Fehlschlüssen geführt. Die Schreibkunst ist entwickelt und verbreitet, soweit wir in der Kulturgeschichte des Vorderen Orients durch die Ausgrabungen zurückstoßen können. Schrift und Text als übliche Kommunikationsmedien kennzeichnen die frühen und alten Hochkulturen Mesopotamiens und Ägyptens und phasenverschoben des Industales und Chinas. Die archäologische Wissenschaft führt zu einem einhelligen Urteil in folgenden Grundzügen: Im 3. Jahrtausend war als Kommunikationsmedium zwischen den hochentwickelten Stadtkulturen eine leistungsfähige Symbolschrift auf Keilschriftbasis gebräuchlich. Die ersten heute zur Verfügung stehenden Schriftdokumente werden zumindest auf das Jahr 3000 v.Chr. datiert. Das heißt, dass, soweit wir die Kulturgeschichte der Menschheit überhaupt zurückverfolgen können, der Mensch schreibender Kulturmensch ist. ... Belege hat man auf den Tontäfelchen in Form von vielen Verträgen, Steuerlisten, persönlichen Briefen gefunden. Kein Zweifel besteht darüber, dass in den Stadtkulturen des 3. Jahrtausends in Uruk, Sumer, Ebla, Babylon Schreibschulen existierten. Hier lernte man auch Grammatik und Stil ... So ist nach dem Urteil von Wiseman außer Frage, dass die Genesis ebenfalls auf solchen Tontäfelchen aufgeschrieben war. Die Genesis wurde unter Befolgung der gleichen literarischen Gewohnheiten zusammengestellt, wie wir sie von den Schreibern aus Ninive kennen ... Kurz, Wiseman und andere Archäologen sind der Auffassung, dass man die Struktur- und Stilprobleme des heutigen Textkomplexes des Pentateuch und speziell der Genesis viel besser aus den speziellen Schreibtechniken der Entstehungszeit verstehen kann, als aus den am Schreibtisch entwickelten künstlichen literarkritischen Hypothesen.«[24]

Nun weisen etliche der Tontafeln von Ebla, die die Chroniken enthielten, eine interessante Besonderheit auf: Sie beginnen häufig mit einer Genealogie, also einer Abstammungsliste. Danach folgen Berichte aus dem Leben derer, die in der Genealogie genannt wurden. Am Ende kommt dann oft ein Schlusssatz, in dem der Verfasser (oder auch der Besitzer) der Chronik seinen Namen nennt. Die Tontafeln wurden aller Wahrscheinlichkeit nach gesammelt und wie eine Familienchronik weitergeführt. »Der archäologische Kenner der Tontafel-Schrifttechnik deklariert diese Abschluss- und Übergangssätzchen als Naht bestimmter Tontafelkomplexe. Scheinbare Ungereimtheiten, z. B. Dubletten im Text, lassen sich leichter durch die Zuordnungstechnik von Tontafel-Textkomplexen verstehen, als durch komplizierte Quellenscheidungstheorien, die die literer-

---

[24] Ebd., S. 41-43.

kritische Evolutionstheorie kennzeichnen.«[25] Nun ist weiter interessant, dass sich im 1. Buch Mose an markanten Stellen zunächst eine Genealogie, eine Abstammungsliste findet. Danach folgen in der Regel Berichte über Ereignisse im Leben der Personen, die in der Abstammungsliste genannt wurden. Schließlich endet der Bericht mit einem charakteristischen, immer gleichen Satz, dem sogenannten »Toledot«: »Dies ist die Chronik (der Bericht, die Abstammung) von ...«, und dann folgt ein Name: Jakob, Isaak, Noah, Adam. Das heißt: Die Berichte im 1. Buch Mose sind aufgebaut wie die Chroniken, die man in Ebla gefunden hat.

Ein typisches Beispiel findet sich in 1. Mose 5,1. Dort heißt es: *»Dies ist das Buch von Adams Geschlecht.«* Die Toledot-Sätze stehen in der Regel am Schluss einer Chronik. Also fängt nach diesem Satz ein neuer Abschnitt an. In 1. Mose 5 findet sich nach dem Toledot-Satz zunächst eine Genealogie (Abstammungsliste). Sie reicht bis zu den Söhnen Noahs. Dann folgt ein kurzer Bericht über die Lage der Menschheit vor der Sintflut. Und schließlich, in 1. Mose 6,9, erscheint wieder ein Toledot-Satz, in dem Noah sich als Verfasser zu erkennen gibt. Danach fängt wieder ein neuer Abschnitt (eine neue Tontafel) an, der von den Ereignissen der Sintflut berichtet. In 1. Mose 10,1 erscheint dann wieder ein Toledot-Satz: *»Dies ist das Geschlecht der Söhne Noahs.«* Die Söhne Noahs haben die Chronik also weitergeführt und die Ereignisse der Sintflut

---

[25] Ebd., S. 43. Vgl. P. J. Wiseman, Die Entstehung der Genesis, Das erste Buch der Bibel im Licht der archäologischen Forschung, Wuppertal, o.J., S. 52.

berichtet. Darauf folgt wieder eine Abstammungsliste und wieder Berichte (nämlich über den Turmbau zu Babel) und wieder zum Abschluss ein Toledot-Satz in 1. Mose 11,10: *»Dies ist das Geschlecht Sems.«* Und damit ist klar: Bis zu diesem Satz hat Sem die Chronik geführt. Nun fängt wieder eine neue Tafel an. Wieder folgt eine Abstammungsliste und wieder Berichte. Und so geht es durch das ganze 1. Buch Mose hindurch.

Das ganze 1. Buch Mose ist also ganz ähnlich aufgebaut wie die Chroniken, die in Ebla gefunden wurden. Die Toledot-Sätze sind der rote Faden, der sich durch das ganze 1. Buch Mose hindurchzieht. Es kann also durchaus der Fall sein, dass das 1. Buch Mose Ereignisse berichtet, die der jeweilige Verfasser selbst miterlebt hat.

Wie sind nun diese Chroniken in die Bibel hineingekommen?

Der Archäologe P. J. Wiseman schreibt: »Noah hat wohl die Täfelchen über die Schöpfung und den Sündenfall zusammen mit seinen eigenen Aufzeichnungen an Sem weitergegeben. Später kamen sie in den Besitz Abrahams, nachdem der Flutbericht, Sems Darstellung der Völkertafel (1Mo 10) und des Turmbaues (1Mo 11) und Terachs Geschlechtsregister noch hinzugefügt worden waren. Bei Abraham sammelte sich wohl dieser erste Strom der alten Überlieferung (1Mo 1-11) entlang der Linie der göttlichen Erwählung, die nach ihm in der Verheißung sichtbar wurde.«[26]

Die Tontafeln könnten dann zum Reisegepäck

---

[26] P. J. Wiseman, Die Entstehung der Genesis, Wuppertal 4/1987, S. 88.

Abrahams gehört haben, als er von Babylonien nach Kanaan zog. Jakob könnte bei seiner späteren Reise nach Ägypten schon 1. Mose 1-36 bei sich gehabt haben. In Ägypten könnten die Tafeln in die Hände von Mose gelangt sein, der sie um die Kapitel 37-50 (die Berichte von Joseph) ergänzte.[27]

Mose könnte dann aus den ihm zur Verfügung stehenden Tontafeln das 1. Buch Mose verfasst haben. Wie behutsam und ehrfürchtig Mose dabei mit diesen alten Texten umgegangen ist, zeigt die Tatsache, dass er alte Städtenamen nicht durch die neuen, zu seiner Zeit gängigen Namen ersetzte, sondern nur ihre Namen erklärte. In 1. Mose 14,3.7.17 heißt es zum Beispiel: *»Diese (nämlich Abrahams Gegner) vereinigten sich im Tal Siddim, wo jetzt das Salzmeer ist. ... Danach kehrten sie um und kamen zum Brunnen Mischpat, das ist Kadesch ... Als aber Abram von der Schlacht gegen Kedor-Laomer ... zurückkehrte, ging ihm der König von Sodom entgegen in das Tal Schaveh, welches Königstal genannt wird.«* In 1. Mose 23,2 findet sich diese Notiz: *»Und Sarah starb in Kirjat-Arba, das ist Hebron, im Lande Kanaan.«*

Die Berichte der Urgeschichte könnten also durchaus auf Chroniken zurückgehen, in denen authentische Zeitzeugen Ereignisse aus ihrer Zeit und ihrem Leben schriftlich niedergelegt haben. Über Abraham und Jakob könnten diese Berichte in die Hände Moses gekommen sein, der sie zum 1. Buch Mose zusammenfügte.

Noch einmal Horst W. Beck: »Für die Würdigung der biblischen Urgeschichte Genesis 1-11 ... lassen sich in

---

[27] Ebd.

einer nach Thomas S. Kuhn so charakterisierten kritischen Umbruchsphase im paradigmatischen Denkgrund zumindest folgende Linien hervorheben: Als Abraham mit seiner Familie aus Kaldäa auswanderte, wanderte er von einem festgeprägten Kulturzentrum in ein in der Kulturhöhe vergleichbar anderes Land. Es ist anzunehmen, dass zum Familientross eine Familienbibliothek gehörte und dass der Familienfürst Abraham schreibkundig war, ja bewanderte Schreibknechte zur Verfügung hatte. Zuletzt beweisen die neuen Ebla-Texte aus der Mitte des 3. Jahrtausends v.Chr., dass zumindest ein halbes Jahrtausend vor Abraham schriftliche Kommunikation aus aktuellen Anlässen wie das Abspeichern von Überlieferungsgut in Bibliotheken gang und gäbe war.«[28]

4. Die biblischen Berichte über das Leben der Erzväter

Die bibelkritische Forschung hat immer wieder behauptet, dass die Berichte vom Leben Abrahams und seiner Nachkommen größtenteils unglaubwürdig und historisch unzuverlässig seien. Sie verweist die Berichte über das Leben der Erzväter in den Bereich der Legenden. Die archäologische Forschung allerdings kommt zu ganz anderen Ergebnissen.

Besonders interessant sind die Erkenntnisse, die sich bei den archäologischen Ausgrabungen in der antiken Stadt Ur ergeben haben: Die Stadt Ur, im Süden Sumers, ca. 200 km vom Persischen Golf entfernt, im

---

[28] Beck, Genesis, Neuhausen-Stuttgart 1983, S. 45.

Gebiet des heutigen Iran/Irak, ist die Heimatstadt Abrahams gewesen. Ur hatte zu dem Zeitpunkt, als Abraham dort lebte, etwa 300.000 Einwohner, war also für damalige Verhältnisse eine große Metropole. Dem entsprechend war auch das Leben in dieser Stadt. Sie hatte eine große Bevölkerung, viel Geld, viele Gelehrte und viele Götter. Der oberste dieser Götter hieß Nanna und war eine Art Mondgott. Was die Wissenschaftler angeht, so beherbergte Ur vor allem Mathematiker und Astronomen. Auch diverse Handwerksberufe erbrachten echte Spitzenleistungen, vor allem die Webereien, die Steinmetzbetriebe und natürlich die zahlreichen Landwirte, die das ertragreiche Land am Euphrat beackerten.[29]

Ein wichtiger Bestandteil des kulturellen Lebens der Stadt Ur waren die Schulen. Schulen zählten damals zu den neuesten und modernsten Errungenschaften. Als Archäologen in den zwanziger Jahren des vergangenen Jahrhunderts die Stadt Ur in mühseliger Kleinarbeit ausgruben, fanden sie reihenweise Tafeln, auf denen die Kinder und Jugendlichen der Stadt Ur rechnen, schreiben und lesen geübt hatten.[30] Daraus folgt: Sehr wahrscheinlich konnte auch Abraham, der ja dort geboren wurde und aufwuchs, lesen und schreiben. Zumindest gab es Menschen in seinem unmittelbaren Lebensumfeld, die das konnten. Das wiederum bedeutet, dass die Berichte über sein Leben (im 1. Buch Mose) durchaus aus allererster Hand, nämlich aus

---

[29] John F. MacArthur, New Testament Commentary Romans 1-8, Chikago 1991, S. 235f.

[30] Ebd. und Beck, Genesis, S. 41f.

seiner eigenen Hand stammen könnten. Zuverlässige Informationen über die Person und das Leben Abrahams sind also mit einiger Wahrscheinlichkeit direkt in der Bibel zugänglich.

Dass dies eine gut begründete Annahme ist, zeigt sich zum Beispiel dann, wenn man die biblischen Berichte über Abrahams Leben einerseits und die Ergebnisse archäologischer Ausgrabungen und Aussagen schriftlicher Urkunden aus der Zeit Abrahams andererseits miteinander in Beziehung bringt.

Das schlechthin herausragende Ereignis im Leben Abrahams war sein Wegzug aus Ur in ein Land, das Gott ihm zeigen würde (1Mo 12,1). Aus den Tontafel-Archiven von Mari[31] ist bekannt, dass im frühen 2. Jahrtausend v.Chr. verschiedene Stammesgruppen weite Gebiete Mesopotamiens durchstreiften. Abrahams Reiseroute entspricht (bis auf einige entlegene Orte) zum Beispiel den Wanderungen der Mare-Yamina von Larsa im Osten bis Amurru im Westen.[32] Aber nicht nur Viehhirten waren damals unterwegs: Auch Händlerkarawanen und offizielle Boten reisten bis Anatolien, Hazor (in Kanaan) und sogar bis ans Schwarze Meer. Ausführliche Listen mit Reisezeiten, Haltepunkten und ganze Reiseberichte sind überliefert.[33] Der Altorientalist

---

[31] Kitchen, Das Alte Testament, S. 407.

[32] J.-R. Kupper, Les Nomades en Mesopotamie au temps des rois de Mari (Papyris 1957), S. 52f., 76 (vgl. auch Anm. 4), 77, 88. Im weiteren Verlauf angegeben als: Kupper, Les Nomades.

[33] W.W. Hallo, Journal of Cuneiform Studies 18 (1964), S. 57-88. / Goetze, Kleinasien, München 1957/2, S. 112-119. / M. Roaf, Cultural Atlas of Mesopotamia and the Ancient Near East, New York/Oxford 1990, S. 113.

J.-R. Kupper schreibt mit Blick auf Abrahams Reisen: »In diese ständige Bewegung und Rückbewegung der Leute auf Wanderschaft lässt sich die Auswanderung Abrahams gut einordnen, der von Ur wieder nordwärts nach Haran in seine eigentliche Heimat zurückzog.«[34] Die Archive von Mari erwähnen darüber hinaus auch Städte, die Abraham damals aufsuchte, zum Beispiel Haran und Nahor (1Mo 24,10).[35]

1. Mose 12,10-20 berichtet von einer Reise Abrahams nach Ägypten. Der Grund ist eine Hungersnot, die ihn zur Flucht ins wohlhabende Ägypten nötigt. Aus der Angst heraus um seiner Frau willen sein Leben zu verlieren, gibt Abraham Sara als seine Schwester aus. Als die Täuschung auffliegt, schickt man ihn mit Reichtümern ausgestattet wieder zurück nach Kanaan.

Tatsächlich kam es zu Beginn des 2. Jahrtausends v.Chr. aufgrund von Hungersnöten häufiger zur Einwanderung von Hunger-Flüchtlingen nach Ägypten. In der Grabkammer des Pharao Chnumhoteps II. (ca. 1870 v.Chr.) befindet sich eine gemalte Szene[36], die 37 »Asiaten« darstellt, »die Ägypten besuchen und Augenschminke mitbringen. Ihr Führer trägt den gebräuchlichen westsemitischen Namen Ab-Scharru.«[37] 1. Mose 12,18 berichtet, dass der Pharao Abraham schwere Vorwürfe machte und ihn aus seinem Palast schickte. Dieser Palast befand sich in der Stadt Ro-waty im Ostdelta des Nil. Ausgrabungen haben seine Reste

---

[34] Kupper, Les Nomades, S. 79.

[35] Kitchen, Das Alte Testament, S. 408.

[36] Ebd., S. 684, Tafel XXXIV, Abbildung 37.

[37] Ebd., S. 410.

freigelegt.[38] Interessant ist in diesem Zusammenhang, dass die ägyptischen Pharaonen nur in der Zeit zwischen 1970-1540 v.Chr. diesen Palast im Ostdelta nutzten, später jedoch nicht mehr. Dieser Zeitraum passt genau zu der Zeit von Abrahams Auswanderung aus Ur zu Beginn des 2. Jahrtausends v.Chr.

1. Mose 14,1-24 berichtet von einer militärischen Auseinandersetzung, in die Abraham und Lot unfreiwillig verwickelt werden. Hintergrund ist ein Bündnis von vier Königen aus Mesopotamien (Amraphel, Arioch, Kedor-Laomer und Tideal), die fünf Könige aus dem Tal des Toten Meeres (Bera, Birsa, Sinab, Semeber und Zoar, alles abgefallene Vasallen) wieder unter ihre Herrschaft bringen wollen. Bei dem Überfall wird Lot (der in Sodom lebt) verschleppt. Als Abraham davon erfährt, verfolgt er Amraphel, Arioch, Kedor-Laomer und Tideal, die bereits auf dem Rückweg nach Mesopotamien sind, besiegt sie in einer nächtlichen Auseinandersetzung, nimmt die Beute an sich und bringt sie nach Gomorrha und Sodom zurück.

Dieser Bericht aus dem 1. Buch Mose gab lange Zeit Rätsel auf, weil die kulturellen und politischen Hintergründe unklar waren. Bibelkritische Forscher verwiesen ihn ins Reich der Legenden. Tatsächlich aber waren – wie inzwischen erwiesen ist – Bündnisse von mehreren Königen in Kanaan sowohl im zweiten als auch im ersten Jahrtausend v.Chr. möglich und üblich. In den ägyptischen Amarnabriefen wird immer wieder über derartige Allianzen berichtet.[39]

---

[38] M. Bietak, Avaris and Pi-Ramesse, London 1986[2], S. 228.

[39] Vgl. Kitchen, Das Alte Testament, S. 411.

In Mesopotamien, also dem Herkunftsgebiet der angreifenden vier Könige Amraphel, Arioch, Kedor-Laomer und Tideal, gab es auch Bündnisse von mehreren Königen, allerdings nur in einem ganz bestimmten Zeitfenster, und zwar in der Zeit zwischen 2000-1750 v.Chr. Bis ins Jahr 2000 v.Chr. wurde Mesopotamien von der Dynastie Ur III beherrscht, die für solche Bündnisse keinen Raum ließ. Nach dem 18. Jahrhundert v.Chr. übernahmen dann die Babylonier bzw. Assyrer die Oberherrschaft im Zweistromland, die ebenfalls wenig geneigt waren, ihre Macht mit anderen zu teilen. Nur in den rund 250 Jahren zwischen 2000-1750 v.Chr. waren die in 1. Mose 14 beschriebenen Allianzen von mehreren Königen sowohl in Kanaan als auch in Mesopotamien möglich.[40]

Abraham hat im 19. Jahrhundert v.Chr. gelebt. Der in 1. Mose 14 berichtete militärische Zwischenfall, bei dem er mit seinen Leuten eine wichtige Rolle spielte, passt nach den vorliegenden Erkenntnissen genau in die Zeit, als solche Allianzen von mehreren Königen sowohl in Kanaan, als auch in Mesopotamien möglich waren. Es spricht also alles dafür, dass die in 1. Mose 14 berichteten Ereignisse tatsächlich stattgefunden haben. Auch der Angriff Abrahams bei Nacht (1Mo 14,15) unterstreicht das noch einmal: Nachtangriffe sind in der Kriegsführung des alten Vorderen Orients nämlich bestens bezeugt.[41]

---

[40] Ebd., S. 413.

[41] J.-M. Durand, Les documents epistolaires du palais de Mari II, Littératures anciennes du Proche-Orient 17, Paris 1998, S. 271. 289f, Nr. 607.

1. Mose 15,1-2 berichtet von der Kinderlosigkeit Abrahams und seinem Plan, seinen Besitz an einen seiner Angestellten, Elieser von Damaskus, zu vererben. Solche Adoptionen waren im alten Vorderen Orient häufig. Paragraph 191 der Gesetze Hammurapis schützt beispielsweise die Rechte des Adoptivkindes, wenn der Fall eintreten sollte, dass dem Adoptivvater doch noch eigene, leibliche Kinder geboren werden sollten.[42] Genau dies war später bei Abraham der Fall: Gott verhieß ihm einen eigenen leiblichen Sohn (1Mo 15,4). Als sich die Verheißung nicht sofort erfüllte, überredete Sara ihren Mann, ein Kind mit ihrer Magd Hagar zu bekommen (1Mo 16,1-3). Später wiederholte sich dieser Vorgang in Jakobs Familie: Weil Rahel zunächst keine Kinder bekommen konnte, zeugte Jakob mit Rahels Magd Bilha ein Kind (1Mo 30,3-8). Auch Lea griff zu diesem Mittel, als sie keine Kinder mehr bekommen konnte (1Mo 30,9-12).

Exakt diese Praxis, mit der Magd der Ehefrau Kinder zu haben, wenn diese keine Kinder bekommen konnte, war Anfang des 2. Jahrtausends im Orient durchaus üblich. Eine Ehefrau brachte immer eine Magd mit in die Familie, um eine Absicherung zu haben, wenn ihr Kinder versagt blieben.[43] Aus dem 19. Jahrhundert v.Chr. ist folgende Abmachung erhalten, die anlässlich einer Hochzeit im anatolischen Kanes getroffen wurde. Dort heißt es mit Bezug auf die Ehefrau: »Wenn sie innerhalb von zwei Jahren keine Kinder für ihn gebiert,

---

[42] O. Kaiser u.a. (Hrsg), Texte aus der Umwelt des Alten Testaments I, S. 67.

[43] Kitchen, Das Alte Testament, S. 420.

mag sie sich eine Sklavin kaufen.«[44] Normalerweise stand dem Adoptivkind die Hälfte des Erbes zu, manchmal auch mehr. Dies war die Praxis Anfang des 2. Jahrtausends v.Chr. Etwa 700 Jahre später änderte sich das aber zugunsten der später geborenen leiblichen Kinder: Ihnen standen nunmehr zwei Drittel des Erbes zu, dem Adoptivkind nur ein Drittel.[45] In 1. Mose 49,1-28 segnet Jakob nun ausdrücklich *alle* seine Söhne und erkennt sie damit alle gleichermaßen als Erben an. Er folgt damit der älteren Gesetzespraxis, die die Adoptivkinder den leiblichen Kindern gleichstellte. Jakobs Verhalten passt genau in die zu seinen Lebzeiten (Anfang des 2. Jahrtausends v.Chr.) im Vorderen Orient übliche Praxis und bestätigt damit die Authentizität der biblischen Überlieferung.

Eine große Rolle spielt die Verehrung Gottes in den Berichten über die Erzväter. Immer wieder wird davon berichtet, das die drei Patriarchen Abraham, Isaak und Jakob dem Gott der »Väter« ihre Verehrung erwiesen, vor Gott Eide schworen oder auch Opfer brachten (1Mo 17,1; 28,3; 31,54a; 32,10; 35,11; 46,1; 48,3; 49,25). Es ist in diesem Zusammenhang interessant, die Unterschiede zwischen der Glaubenspraxis der Erzväter einerseits und der des Volkes Israel andererseits zu beachten[46]: Besonders auffällig ist die Tatsache, dass im Glauben der Erzväter der kanaanäische Gott Baal

---

[44] B. Hrozny in: Symbolae Koschaker II, Leiden 1939, S. 108ff; J. B. Pritchard (Hrsg.), Ancient near Eastern Texts, 3. Aufl. / Suppl., Princeton 1920, 1955, 1969, S. 543, §4.

[45] Kitchen, Das Alte Testament, S. 421.

[46] Ebd., S. 429-430.

überhaupt nicht vorkommt. Wenn man bedenkt, welche (verhängnisvolle) Rolle diese heidnische Gottheit später im Volk Israel gespielt hat und wie intensiv und kompromisslos sich gerade die Propheten mit dem Baalskult auseinandergesetzt haben (1Kö 18), erstaunt es zutiefst, dass sich hiervon in den Berichten über die Erzväter keinerlei Spuren finden. Wenn die Fünf Bücher Mose tatsächlich erst im 9. Jahrhundert (J), 8. Jahrhundert (E), im 7. Jahrhundert (D) und 6. Jahrhundert (P) v.Chr. entstanden wären (wovon die bibelkritische Forschung im Allgemeinen ausgeht), wäre eine häufige Erwähnung des Baalskultes an sich ganz selbstverständlich zu erwarten. Dies ist jedoch *nicht* der Fall.

Beinahe noch erstaunlicher ist die Tatsache, dass die Stadt Jerusalem, in der ja bereits um 1000 v.Chr. der Tempel stand, in den Berichten der Erzväter nur beiläufig an einer einzigen Stelle, nämlich bei der Begegnung Abrahams mit Melchisedek (1Mo 14,18), erwähnt wird. Bedenkt man, welche Bedeutung die Stadt Jerusalem für spätere Generationen nach Abraham hatte, müsste sie in den Erzväterberichten eigentlich eine prominente Rolle spielen, falls diese Berichte tatsächlich erst zwischen dem 9.-6. Jahrhundert v.Chr. entstanden sein sollten. Dies ist aber eindeutig nicht der Fall!

Völlig unerklärlich bleibt schließlich auch die Tatsache, dass die Erzväter ihre Altäre an ganz verschiedenen Lokalitäten, zum Beispiel auch in der Nähe von Bäumen errichteten (1Mo 13,18; 15,9-10; 21,33; 22,13; 26,25; 28,18-19; 33,20; 35,6-7). Später wurde diese Praxis von den Propheten scharf verurteilt (Hos 4,13). Die Erzväterberichte aber schildern sie ganz unbefangen.

All diese Fakten widersprechen einer Entstehung der Erzväterberichte zwischen dem 9.-6. Jahrhundert v.Chr. Im Gegenteil: Alles spricht dafür, dass die Lebensberichte der Erzväter authentisch die Zeit und die Erfahrungen der Patriarchen wiedergeben.

Das wird abschließend auch noch einmal an einigen interessanten Details deutlich. An einigen wenigen Stellen der Erzväterberichte wird die Existenz von Kamelen erwähnt (1Mo 12,16; 24,10-64; 31,17.34; 37,25). Lange galten sie als Beweis für die historische Unzuverlässigkeit der Patriarchenerzählungen. Dann jedoch wurde in Fayyum (Ägypten) ein Kamelschädel gefunden, der auf die Zeit zwischen 2000-1400 v.Chr. datiert werden konnte.[47] In Byblos fand man die Figur eines knienden Kamels aus der Zeit zwischen dem 19.-18. Jahrhundert v.Chr.[48] Im Tell el-Fahrcah-Nord (Kanaan) wurde in einem Grab aus demselben Zeitraum wiederum der Kieferknochen eines Kamels gefunden[49], in Nordsyrien ein Siegel mit einem Kamel aus dem 18. Jahrhundert v.Chr.[50] Nicht zuletzt erwähnt das sumerische Lexikon HARra-hubullu (aus den Anfängen des 2. Jahrtausends v.Chr.) die Existenz von Kamelen.[51] Auch

---

[47] O.H. Little, Bulletin de l'Institut d'Egypte 18, 1935/36, S. 215.

[48] P. Montet, Byblos et l'Egypt, Paris 1928, S. 91 und Abb. 52, Nr. 179.

[49] De Vaux, in: Revue Biblique 56, 1949, S. 9, Anm. 8. Vgl : C. Grigson, in : T. Levy (Hrsg.), The Archaeology of Society in the Holy Land, London 1995, S. 259 mit Belegen S. 573-576.

[50] E. Porada, in: Journal of the Walters Art Gallery 36, 1977, S. 1-6.

[51] Siehe die Lexikoneinträge in: J.I. Gelb u.a. (Hrsg.), The Assyrian Dictionary 7/I-J, Glückstadt 1960, S. 2. Vgl: W.G. Lambert, in: Bulletin of the American Schools of Oriental Research 160, 1960, S. 42f.

diese interessanten Funde der Archäologie bestätigen also die Zuverlässigkeit der biblischen Überlieferung.

In 1. Mose 37,28 wird der Preis erwähnt, den die Söhne Jakobs beim Verkauf ihres Bruders Josef erzielten: 1. Mose 37,28 nennt die Zahl von 20 Schekel. Dieser Preis entspricht in etwa dem Preis, der für Sklaven im 18. Jahrhundert v.Chr. im Vorderen Orient üblich war.[52] Nun ist interessant, dass *vor* dieser Zeit die Sklaven billiger waren (10 Schekel)[53], danach aber – im 15.-14. Jahrhundert v.Chr. wurden sie (wegen einsetzender Inflation) wieder teurer: 30-60 Schekel.[54] Die Zahlen, die die Erzväterberichte für den Verkauf von Josef nennen, passen also sehr gut in die Zeit der Erzväter. Es ist dagegen aber kaum anzunehmen, dass man sich im 9.-6. Jahrhundert (der angeblichen Entstehungszeit der Fünf Bücher Mose nach bibelkritischer Sicht) noch an diese Preise erinnert oder sich die Mühe gemacht hätte, ein derart nebensächliches Detail umständlich herauszufinden. Viel wahrscheinlicher ist es, dass hier ein kulturelles Detail der Erzväterzeit authentisch wiedergegeben wird.

---

[52] Bulletin of the American Schools of Oriental Research I, S. 56. 69. 72.

[53] A. Falkenstein, Die neusumerischen Gerichtsurkunden I, München 1956, S. 88-90. / D.O. Edzard, Sumerische Rechtsurkunden des III. Jahrtausends, München 1968, S. 87, Tab. 5. / I. Mendelsohn, Slavery in the Ancient near East, New York 1949, S. 117. 155, Anm. 164.

[54] B.I. Eichler, Indenture at Nuzi, New Haven 1973, S. 16, Anm. 35. / C.H.W. Johns, Assyrian Deeds and Documents III, Cambridge 1924, S. 542-546.

5. Der Auszug aus Ägypten

Nach über 400 Jahren Aufenthalt in Ägypten hat das Volk Israel unter Führung Moses das Land in östlicher Richtung (Sinai und Kanaan) verlassen. Nach dem Durchzug durch das Schilfmeer, erreichte es die Wüste Sur und – die Freiheit (2Mo 14-15). Man übertreibt nicht, wenn man feststellt, dass die Erfahrung des Exodus (Auszug) das Selbstverständnis des Volkes Israel als das Volk Gottes entscheidend geprägt hat. Immer wieder wird darum in den biblischen Schriften Alten und Neuen Testaments auf dieses Ereignis Bezug genommen (2Mo 15,1-21; Jos 24,4-7; Ri 2,1; 1Kö 8,16; 2Chr 6,5; Ps 77,12-14; Ps 105,36-38; Ps 106,7-12; Ps 114; Ps 136,10-15; Jer 11,7; Apg 7,36; 1Kor 10,1-2).

Natürlich ist die Frage, wann genau diese Ereignisse denn stattfanden, eine überaus wichtige Frage, die von den Auslegern jedoch sehr unterschiedlich beantwortet wird. Im Folgenden soll versucht werden, das Dickicht der Antworten auf die Frage nach dem »Wann« des Exodus (=Auszug) etwas zu lichten und einige Fixpunkte bei der Frage nach seiner Datierung zu benennen.

5.1. Vorfragen

1. Mose 47,6.11 berichtet, dass der greise Jakob mit seiner Sippe im östlichen Nildelta Ägyptens, im Land Goschen (= Gosen) siedelte, nachdem er von Josef dorthin geholt worden war. 2. Mose 1,14 fügt hinzu, dass das Volk Israel dort unter Zwang auf den Feldern arbeitete und die Vorratstädte Pitom und Ramses

aufbaute, indem es Lehmziegel herstellte (2Mo 1,11). All diese Angaben führen unstrittig in das östliche Nildelta, in dem die antiken Städte Pitom und Ramses lokalisiert werden können und wo im 2. Jahrtausend v.Chr. wegen der großen Fruchtbarkeit des Bodens intensiver Ackerbau betrieben wurde.[55]

Bevor man sich nun der Frage widmet, welche Spuren der Aufenthalt des Volkes Israel im östlichen Nildelta hinterlassen haben könnte, ist es klug, sich zu vergegenwärtigen, was dabei auf jeden Fall nicht erwartet werden kann.

Das Nildelta besteht aus zahlreichen Schichten von Nilschlamm, die sich über Jahrhunderte hinweg im Zuge der jährlichen Nilüberschwemmungen dort ablagerten. Das Nildelta hat an keiner Stelle einen steinigen oder felsigen Untergrund, der zum Abbau von Bausteinen zur Errichtung von Häusern, Tempeln und Palästen hätte dienen können. Häuser wurden im Nildelta des antiken Ägypten fast durchweg aus Lehmziegeln errichtet. Die wenigen festen Gebäude wurden aus Steinen erbaut, die man von weither heranholen musste. Bei Neubauten verwendete man später oft Steine aus bereits bestehenden Gebäuden, die nicht mehr gebraucht wurden, was natürlich zur Zerstörung dieser Gebäude führte. Dazu kommt, dass Steine aus alten Gebäuden nicht selten zur Kalkgewinnung zermahlen wurden oder als Mühlsteine Verwendung fanden. Das heißt: Selbst von den antiken Tempeln im Nildelta sind oft nur noch Steinhaufen übrig, und nur sehr wenige in Stein gehauene Inschriften

---

[55] Zur Bedeutung der Städte Pitom und Ramses s. u. Teil I, 5.2. Fixpunkte zur Datierung des Auszugs aus Ägypten.

erhalten.[56] Es ist nicht zu erwarten, in diesen einzelnen erhaltenen Inschriften viele Informationen über das Volk Israel zu finden.

Die Israeliten haben während ihrer Gefangenschaft in Ägypten wie damals fast alle Bewohner des Nildeltas in Lehmhütten gewohnt. Die Lebensdauer dieser Hütten war gering. Normalerweise zerfielen sie nach einer Reihe von Jahren. Es ist darum nicht daran zu denken, dass Reste der Hütten der Israeliten erhalten geblieben sein könnten. Sie verfielen, nachdem sie von den Israeliten im Zuge des Auszugs aus Ägypten verlassen worden waren, und wurden wieder Teil des Bodens, aus dem man sie angefertigt hatte.[57]

Der Boden des Nildeltas ist aber auch noch in anderer Hinsicht verantwortlich dafür, dass auf direktem Weg nur spärliche Informationen über das Leben des Volkes Israel in Ägypten zu haben sind: Er besteht aus abgelagertem Schlamm, ist also ein vergleichsweise feuchtes Substrat.[58] In diesem Schlammboden haben Papyri, das bevorzugte Schreibmaterial der Ägypter, keine Chance. Sie lösen sich binnen Kurzem auf. Das heißt: Etwaige Listen von ägyptischen Aufsehern mit Angaben über die Arbeitsleistungen des Volkes Israel in der Herstellung von Ziegeln, sind im Nildelta nicht zu erwarten. Es gibt solche Listen und andere Dokumente über die Dienste von Zwangsarbeitern aus der Nähe von Memphis in Ägypten.[59] Dort blieben sie erhalten, weil sich dort ein

---

[56] Kitchen, Das Alte Testament, S. 320f.

[57] Ebd., S. 321.

[58] Ebd., S. 320.

[59] Ebd., S. 321. 322f.

Stück Wüste befindet, dass die Papyri konservierte. Im Nildelta war das jedoch nicht der Fall.

Abschließend muss bedacht werden, dass die ägyptischen Pharaonen grundsätzlich nur Siege in Form von Inschriften (zum Beispiel auf Tempelwänden) verewigen ließen. Es ist ausgeschlossen, dass ein ägyptischer Pharao den erfolgreichen Auszug eines Sklavenvolkes öffentlich vermeldet hätte, bei dessen Flucht auch noch eine komplette ägyptische Kampfwageneinheit verlorenging.[60]

Es wird deutlich: Auf direktem Weg ist es schwer, Belege für den Aufenthalt des Volkes Israel in Ägypten zu finden. Auch Informationen über den Auszug aus Ägypten können nur auf indirektem Weg gewonnen werden.

5.2. Fixpunkte zur Datierung des Auszugs aus Ägypten

Um herauszufinden, wann ungefähr der Auszug aus Ägypten stattgefunden hat, ist es hilfreich, sich die Informationen des ersten und zweiten Buches Mose zu vergegenwärtigen, die mit dem Aufenthalt Israels in Ägypten zu tun haben.

1. Mose 47,4-6 berichten, dass die Großfamilie Jakobs nach ihrem Umzug von Kanaan nach Ägypten im Land Goschen (= Gosen) angesiedelt wurde. Dieses Land Goschen wird in 1. Mose 47,11 auch die »Landschaft Ramses« genannt. Das heißt: Das bezeichnete Gebiet wird in besonderer Weise mit dem Namen und der Person eines Pharao (oder mehrerer Pharaonen)

---

[60] Ebd., S. 321.

verknüpft, die den Namen »Ramses« trugen. 2. Mose 1,11 nennt zwei Städte – Pitom und Ramses – die von den Israeliten in Zwangsarbeit errichtet wurden und im biblischen Bericht als »Vorratsstädte« bezeichnet werden. Auch hier taucht der Name »Ramses« wiederum auf.

Was hat es nun mit diesen Informationen auf sich, und was können sie zum Verständnis der biblischen Berichte über Israel in Ägypten beitragen?

Das Land Goschen kann klar lokalisiert werden. Es handelt sich um ein Gebiet im östlichen Nildelta, das zu damaliger Zeit ausgedehntes gutes Weideland besaß und für die Ansiedlung von Jakobs Sippe mit ihren Schafherden sehr geeignet gewesen sein dürfte.[61] Innerhalb von Goschen befand sich auch die Stadt Ramses. Ihr vollständiger Name lautete »Gebiet Ramses II., Groß im Sieg«.[62] Ganz offensichtlich hat der Pharao Ramses II. diese Stadt errichten und dann nach seinem Namen benennen lassen.

Auch die antike Stadt Ramses kann heute klar lokalisiert werden. Sie liegt in unmittelbarer Nähe von Khataana-Quantir im östlichen Nildelta.[63] Die Stadt war sechs Kilometer lang und drei Kilometer breit. Die meisten Gebäude bestanden aus Lehmziegeln. Ausgrabungen haben die Fundamente der aus Stein errichteten Palastanlagen wieder sichtbar gemacht. Es fanden sich ausgedehnte Pferdestallungen und Einrichtungen für Streitwagen, außerdem Werkstätten und

---

[61] Kitchen, Das Alte Testament, S. 341.

[62] Ebd., S. 333.

[63] Ebd.

ausgedehnte Vorratsgebäude.[64] Es liegt auf der Hand, dass diese Fakten ausgezeichnet zu den biblischen Informationen in 1. Mose 47,4-6.11 und 2. Mose 1,11 passen. Sowohl die Bibel als auch die ägyptischen Quellen bezeichnen die Stadt, an deren Errichtung die Israeliten beteiligt waren, mit dem Namen »Ramses«. Die Bibel verknüpft darüberhinaus noch zusätzlich die Landschaft Goschen mit dem Namen des Pharao Ramses (1Mo 47,11). Sowohl die archäologischen Erkenntnisse heute als auch die biblischen Angaben lokalisieren die Stadt im Gebiet Goschen (östliches Nildelta). Archäologische Funde, die belegen, dass die Stadt Ramses eine Vorratsstadt war und dazu auch noch eine ägyptische Kampfwageneinheit beherbergte, entsprechen den Angaben der Bibel in 2. Mose 1,11 und 14,9 aufs Genaueste.

Aus diesen Detailinformationen lässt sich ein erster Fixpunkt für die Frage nach dem Zeitpunkt des Exodus festlegen: Es kann keinen vernünftigen Zweifel daran geben, dass das Volk Israel im Land Goschen gelebt hat und dort in der Zeit vor dem Exodus bei der Errichtung der Stadt Ramses eingesetzt wurde. Der Pharao, der in dieser Zeit die Baumaßnahmen der nach ihm benannten Stadt vorantrieb, trug den Namen Ramses II. Biblische Angaben, ägyptische Quellen und die Ergebnisse archäologischer Ausgrabungen stimmen in all diesen Punkten genau überein.

Wenn aber Ramses II. der Pharao der Unterdrückung und des Exodus Israels war, wird sofort die Frage interessant, in welchem Zeitraum Ramses in Ägypten

---

[64] Ebd.

regiert hat. Ägyptische Quellen (Königslisten) zeigen, dass es in Ägypten elf Pharaonen gab, die den Namen Ramses trugen. Sie gehörten zur 19.-20. Dynastie, die von 1290-1070 v.Chr. andauerte.[65] Von den Pharaonen der 19.-20. Dynastie weiß man, dass sie alle keine größeren Städte bauten: Alle, bis auf einen: Ramses II. Der errichtete die Städte Pitom (wahrscheinlich südlich von Ramses und westlich von Sukkot gelegen[66]) und Ramses.[67] Er regierte Ägypten von 1290-1224 v.Chr.[68]

Wenn man nun diese Daten mit den bereits bekannten Daten über das Leben der Patriarchen verknüpft, ergibt sich ein weiterer Fixpunkt und gleichzeitig folgendes Bild: Abraham, Isaak und Jakob haben zwischen 1900-1600 v.Chr. gelebt.[69] Abraham könnte ungefähr um 1880 v.Chr. geboren worden sein, Isaak in der Mitte oder im späten 19. Jahrhundert. Jakob ist um 1690-1680 v.Chr. in Ägypten eingetroffen. Wenn das Volk Israel sich insgesamt 430 Jahre in Ägypten aufgehalten hat (2Mo 12,40-41), fällt der Exodus in die Zeit 1260/1250 v.Chr. Diese Zeitspanne passt aber genau in die Regierungszeit von Pharao Ramses II. von Ägypten (1290-1224 v.Chr.). Das heißt: Der Exodus kann auf die Zeit um 1260/1250 v.Chr. datiert werden.Daran schlossen sich die 40 Jahre Wüstenwanderung an. Um 1220/1210 v.Chr. begann dann die Zeit der Landnahme und der Richter.

---

[65] Ebd., S. 332.

[66] Ebd., S. 335.

[67] Ebd., S. 332f.

[68] John Bright, A History of Israel, Bungay, Suffolk 1984, Chronological Charts, Tafel III.

[69] Vgl. Kitchen, Das Alte Testament, S. 465.

5.3. Probleme bei der Datierung des Auszugs aus Ägypten

Ein Problem bei der Datierung des Exodus entsteht durch eine Notiz in 1. Könige 6,1. Dort heißt es: »*Im vierhundertachtzigsten Jahr nach dem Auszug Israels aus Ägyptenland, im vierten Jahr der Herrschaft Salomos über Israel, im Monat Siw, das ist der zweite Monat, wurde das Haus dem Herrn gebaut.*«

Zwei bedeutende Ereignisse der Geschichte Israels werden hier miteinander in Verbindung gebracht: zum einen der Auszug aus Ägypten und zum anderen der Bau des ersten Tempels in Jerusalem. Zwischen beiden Ereignissen wird ein Zeitraum von 480 Jahren angegeben. Der Beginn des Tempelbaus kann auf die Jahre 967-965 v.Chr. eingegrenzt werden. Bei einem zeitlichen Zwischenraum von 480 Jahren fiele der Exodus folgerichtig auf die Jahre 1447-1445 v.Chr. Einige Ausleger favorisieren dieses Datum.[70] Die Überprüfung des historischen Hintergrundes des Exodus legt aber eine Datierung auf die Jahre 1260/1250 v.Chr. nahe.[71] Das ergibt eine Differenz von fast 200 Jahren.

Verkomplizierend kommt ein weiteres Problem hinzu: Zählt man nämlich alle Zeitangaben zusammen, die die Bibel für die Zeitphase zwischen Exodus und Tempelbau präsentiert, ergibt sich eine Summe von 554

---

[70] Zum Beispiel Archer, Einleitung, S. 72-87. J. F. Walvord, R.F. Zuck (Hrsg.), Das Alte Testament erklärt und ausgelegt, Bd. 2, 1. Könige-Hohelied, Neuhausen-Stuttgart 1991, S. 24.

[71] Dafür votieren John Bright, A History of Israel, Bungay Suffolk, 1984, S. 123. Kitchen, Das Alte Testament, S. 269-277. 398-401.

Jahren.[72] Dazu kommen noch drei weitere Zeitabschnitte: erstens die nicht genau bezifferte Zeitphase, in der Josua und die Ältesten das Volk Israel führten (vielleicht 5-10 Jahre)[73]; zweitens die Lebenszeit, die Samuel nach den in 1. Samuel 7,2 genannten 20 Jahren noch blieb (vielleicht ein Jahr), und schließlich drittens die ebenfalls nicht genau bekannte Regierungszeit Sauls (wahrscheinlich 32 Jahre).[74] K. A. Kitchen veranschlagt für diese drei Unbekannten einen Zeitraum von ungefähr 35-42 Jahren, woraus sich eine Gesamtsumme von 591-596 Jahren zwischen Exodus und Tempelbau ergibt.[75]

Es ist offensichtlich, dass die Zahl in 1. Könige 6,1 (480 Jahre) nicht mit den anderen in der Bibel genannten Zahlen für die Zeit zwischen Exodus und Tempelbau harmoniert (591-596 Jahre). Zwangsläufig stellt sich darum die Frage, wie diese Differenz zu erklären ist.

Verschiedene Indizien legen den Schluss nahe, dass die Richter des biblischen Richterbuches nicht alle nacheinander, sondern zum Teil auch nebeneinander regiert haben, und zwar in verschiedenen Landesteilen Israels. In Richter 10,7 heißt es zum Beispiel: *»Da entbrannte der Zorn des Herrn über Israel, und er verkaufte sie unter die Hand der Philister und Ammoniter.«* Die Unterdrückung des Volkes Israel durch Ammoniter und Philister geschah fast gleichzeitig. Das

---

[72] Kitchen, Das Alte Testament, S. 269. Auch G. L. Archer beschreibt dieses Problem: Archer, Einleitung, S. 144f.

[73] Jos 23, 1 sagt nicht genau, wie lange Josua und die Ältesten Israel führten. Es spricht nur von „langer Zeit".

[74] Nähere Informationen zu diesem Problem bei: Kitchen, Das Alte Testament, S. 269.

[75] Ebd.

aber bedeutet, dass die Richter Jephtah (er kämpfte gegen die Ammoniter) und der Richter Simson (er kämpfte gegen die Philister) zeitlich überlappend in Israel tätig gewesen sein müssen.[76] Auch für die Königsbücher lässt sich Ähnliches nachweisen. Wenn man zum Beispiel die Herrschaftsjahre der Könige von Juda zusammenzählt, ergibt sich eine Zahl, die um einiges größer ist, als die Zeitspanne zwischen dem Tod Salomos und dem Fall der Stadt Jerusalem tatsächlich war. Es liegt darum nahe, dass auch bei den Königen Judas und Israels Co-Regentschaften vorkamen. Das bekannteste Beispiel dafür ist König Usia von Juda, der vom Aussatz befallen wurde (2Chr 26,16-20) und die Amtsgeschäfte noch zu Lebzeiten in die Hände seines Sohnes Jotam legte, selbst aber dennoch König blieb.[77]

Das Richterbuch selbst liest sich zwar auf den ersten Blick wie eine lückenlose chronologische Abfolge von Ereignissen und Personen (Richtern), zeigt aber bei genauerem Hinsehen, dass die Formulierung »nach ihm« nur einige Richter zwingend in eine chronologische Reihenfolge bringt. Es liegt also nahe, dass in Israel nicht selten mehrere Richter in verschiedenen Landesteilen nebeneinander regierten. Eine Vorstellung, wie die Co-Regentschaften der Richter sich über die verschiedenen Landesteile Israels zeitlich verteilt haben könnten, liefert K. A. Kitchen.[78] Es ist auf diesem Hintergrund sehr gut vorstellbar, dass die erwähnten

---

[76] Archer, Einleitung, S. 144f.

[77] Weitere Beispiele für Co-Regentschaften in: Archer, Einleitung, S. 164.

[78] Kitchen, Das Alte Testament, S. 272-277, 398-401.

vergleichsweise hohen zeitlichen Angaben der Bibel bezüglich der Zeit zwischen Exodus und Tempelbau durch Co-Regentschaften zu erklären sind.[79] Das heißt: Die biblischen Angaben zählen die Regierungszeiten der verschiedenen Richter zusammen, berücksichtigen dabei aber nicht die Co-Regentschaften. Diese Art der Zählung unterscheidet sich hier von der unseren im 21. Jahrhundert. Das muss man im Blick behalten, wenn man die Zahlenangaben auswertet.

Was ist aber dann von den 480 Jahren zu halten, die das 1. Königsbuch (1Kö 6,1) für die Zeit zwischen Exodus und Tempelbau angibt? Die natürlichste Erklärung ist die, dass die 480 Jahre pauschal für zwölf Generationen stehen. Es handelt sich also bei den 480 Jahren nicht um eine genaue Zahl, sondern um eine pauschale Zahl zur Bezeichnung von 12 Generationen. In Israel wurde die Zeit einer Generation gewöhnlich pauschal mit 40 Jahren angegeben (zum Beispiel die 40-jährige Wüstenwanderung – 4Mo 14,28-35). Tatsächlich dürfte aber die Zeit einer Generation (von der Geburt des Vaters bis zur Geburt des ersten Kindes) eher 25 Jahre betragen haben. Zwölfmal 25 Jahre ergibt einen Wert von 300 Jahren. Dieser Wert passt recht gut in die Zeitspanne zwischen dem Exodus (1260/1250 v.Chr.) und dem Beginn des Tempelbaus (967-965 v.Chr.), die rund 300 Jahre umfasste.[80] Vielleicht ergeben sich in Zukunft auch noch neue Erkenntnisse, die mehr Licht auf die 480 Jahre aus 1. Könige 6,1 werfen.

---

[79] Siehe dazu: Kitchen, Das Alte Testament, S. 269.

[80] So auch Kitchen, Das Alte Testament, S. 398-401, und John Bright, A History of Israel, Bungay Suffolk, 1984, S. 123.

6. Die Fünf Bücher Mose und ihr Verfasser

Die Bibel selbst sagt mit aller wünschenswerten Deutlichkeit, wie die Fünf Bücher Mose entstanden sind. Sie nennt Mose als ihren Verfasser: 2. Mose 17,14; 24,4.7; 34,27; 4. Mose 33,1-2; 5. Mose 31,9.19.22.24-26; Josua 8,31-34.[81] Die Funde von Ebla (siehe Teil I. 2.) haben gezeigt, dass eine hochentwickelte Schreibkultur bereits lange Zeit vor Mose existierte.

Hinzu kommt eine Entdeckung, die man im Jahr 1904 in uralten ägyptischen Bergwerken machte: Man fand dort Inschriften von ägyptischen Bergleuten, die diese unter Tage an die Wände gekritzelt hatten.[82] Die hieroglyphischen Inschriften ließen sich ungefähr auf die Zeit von 1500 v.Chr. datieren. Zur Zeit der Geburt des Mose (um 1330 v.Chr.[83]) gab es also aller Wahrscheinlichkeit nach Bergleute, die lesen und schreiben konnten. Bergleute gehörten damals zur untersten sozialen Schicht. Trotzdem waren zumindest einige von ihnen offenkundig des Lesens und Schreibens mächtig. Wie viel mehr kann dies dann für Mose angenommen werden, der als Prinz am ägyptischen Königshof aufwuchs und seine Ausbildung von Lehrern erhielt, die zu

---

[81] Siehe auch: 1Kö 2,3; 2Chr 25,4; 35,12; Neh 8,2; 13,1; Esr 6,18; Mal 3,22; Mt 19,8; Mk 12,19; Joh 5,45-47; 7,19; Apg 3,22; Röm 10,5.)

[82] Archer, Einleitung, S. 148-149, 215.

[83] Die Zeit der Geburt des Mose errechnet sich aus dem Datum des Exodus einerseits (1260/1250 v.Chr.) und den biblischen Angaben über das Alter des Mose (80 Jahre 2Mo 7,7) andererseits, als er nach Ägypten kam und den Exodus des Volkes Israel vorbereitete. Siehe dazu auch Teil I. 5. Der Auszug aus Ägypten (insbesondere Teil I. 5.2. Fixpunkte zur Datierung des Auszugs aus Ägypten).

den Besten Ägyptens gezählt haben dürften. 2. Mose 2,10 berichtet, dass Mose am Hof des ägyptischen Pharao den Titel »Sohn« erhielt. »Diese Position eines ›Sohnes‹ gewährte Mose zweifellos die besonderen Rechte des Adelsstandes ...«[84]

Klima, Geografie und Landwirtschaft Ägyptens und der Sinaihalbinsel waren Mose bestens vertraut, wie aus dem 2.-4. Buch Mose hervorgeht. Das 1. Buch Mose nennt den ägyptischen Namen der Stadt Hierapolis »On«. Potifar, der Dienstherr Josefs, wird ebenso genannt wie Asenat, die Frau Josefs: Beide tragen ägyptische Namen (1Mo 41,45.50; 46,20). Weiter tauchen ägyptische Längen- und Hohlmaße auf, ägyptische Bezeichnungen für Mehl und Leinen genauso wie die am Hof des Pharao übliche Anrede des Königs.[85] Daraus lässt sich entnehmen, dass der Verfasser der Fünf Bücher Mose mit der ägyptischen Sprache, den Sitten und Gebräuchen des Landes, dem Hofleben und dem ägyptischen Beamtentum vertraut war – alles Fakten, die unmittelbar auf Mose zutreffen.

Mose hatte darüber hinaus auch eine starke Motivation sein Werk, die Fünf Bücher Mose, zu verfassen: Er wusste, dass es die Grundlage für das Zusammenleben des israelitischen Volkes werden würde. In den 40 Jahren der Wüstenwanderung stand ausreichend Zeit zur Verfügung, um ein Werk zu verfassen, das um ein Mehrfaches länger als die Fünf Bücher Mose hätte werden können.

---

[84] John F. MacArthur, Studienbibel, Bielefeld 2002, S. 126, Anm. zu 2. Mose 2, 10.

[85] Archer, Einleitung, S. 138-143.

»Das Schriftzeugnis selbst führt den Pentateuch auf Mose zurück. Die Theorie der Quellenscheidung ist so unnatürlich und künstlich, dass man nicht annehmen kann, dass eine innere Einheit und Harmonie des Gesamtzeugnisses von so vielen Händen erzeugt worden sein könnte (W. Möller).«[86]

Das Beharren der Bibel auf Mose als dem Verfasser der Fünf Bücher Mose ist also alles andere als eine bloße Behauptung. Es erweist sich gerade für den, der die biblischen Texte genauer betrachtet, als historisch gut begründete Tatsache.

---

[86] Beck, Genesis, S. 47.

Teil II: Das Buch der Landnahme

1. Einige Missverständnisse und Schwierigkeiten

1.1. Die militärische Strategie Josuas[87]

Das Buch Josua ist das Buch der Landnahme. Nachdem das Volk Israel 40 Jahre in der Wüste verbracht hatte, überschritt es (um 1220/1210 v.Chr.[88]) den Jordan von Osten her und drang auf diesem Weg in das Land Kanaan ein. Die Kapitel 1-5 des Buches Josua berichten von der Durchquerung des Jordans und der Errichtung eines Basislagers in Gilgal. Die Kapitel 5-8 schildern dann die Zerstörung der befestigten Städte Jericho und Ai. Daran schließt sich in Kapitel 10 ein Bericht über Kriegszüge im Süden des Landes an, die die Städte Makkeda, Libna, Lachisch, Eglon, Hebron und Debir zum Ziel haben. Analog werden in Kapitel 11 einige Kriegszüge im Norden des Landes dargestellt, in denen es vor allem um die strategisch wichtige Stadt Hazor und das Volk der Anakiter geht. Kapitel 12 befasst sich dann vorrangig mit den Landgebieten im Ost- und Westjordanland und die Verteilung dieser Gebiete an die Stämme. Kapitel 13 schildert die Landzuteilung an die Stämme Ruben, Gad und den halben Stamm Manasse. Daran schließt sich in den Kapiteln 14-21 die Verteilung des Landes westlich des Jordan an die Stämme Juda,

---

[87] Vgl. zu diesem Themenkomplex: Kitchen, Das Alte Testament, S. 215-218.

[88] Der Exodus fand im Zeitraum zwischen 1260-1250 v.Chr. statt. Nach 40 Jahren in der Wüste begann die Landnahme des Volkes Israel also um 1210/1220 v.Chr.

Ephraim, Benjamin, Simeon, Sebulon, Issaschar, Asser, Naftali, Dan, die Levitenstädte sowie die andere Hälfte des Stammes Manasse an. Die Kapitel 22-24 berichten abschließend von der Rückkehr der Ostjordanstämme, Josuas Abschied, dem Bundesschluss in Sichem und Josuas Tod.

Wer die Berichte des Buches Josua aufmerksam liest, stellt rasch fest, dass die Landnahme etwas anders verlaufen ist, als man sich das vielleicht landläufig vorstellt. Die Einnahmestrategie des Volkes Israel sah nämlich *nicht* so aus, dass Städte und Völkerschaften Kanaans angegriffen, besiegt und dann deren Land sofort in Besitz genommen und besiedelt wurde. Die militärische Strategie war eine andere: Die 12 Stämme Israels haben nach der Durchquerung des Jordans zunächst in Gilgal ein Basislager errichtet. Dieses Basislager ist für das Verständnis der Landnahme von großer Bedeutung. Vom Basislager in Gilgal gingen sämtliche militärischen Unternehmungen aus, und man kehrte nach Ende der Kampfhandlungen auch wieder dorthin zurück! Die befestigten Städte wurden angegriffen und ihre Führungseliten und viele der Männer getötet. Nach Ende der Kampfhandlungen blieb das Volk Israel aber nicht im gerade eroberten Gebiet, sondern kehrte ins Basislager nach Gilgal zurück. So schließt der Bericht über die Kämpfe im Süden Kanaans mit der Notiz (Jos 10,43): *»Und Josua kehrte mit ganz Israel wieder in das Lager zurück nach Gilgal.«* Auch nach den militärischen Operationen im Norden des Landes ist das Volk Israel nicht dort geblieben, sondern wiederum ins Basislager zurückgekehrt (Jos 14,6).

Natürlich stellt sich die Frage, warum das Volk Israel diese eigentümliche militärische Strategie von Eroberung und anschließendem Abzug und Rückkehr ins Basislager gewählt hat. Das Buch Josua selbst liefert die Antwort: Die Macht der Einwohner Kanaans konnte (jedenfalls in den Gebieten westlich des Jordans) nicht überall sofort gebrochen werden. In Josua 17,14-16 wird eine Unterredung zwischen den Ältesten der Stämme Ephraim und Manasse und Josua überliefert. In dieser Unterredung wird deutlich, dass die Stämme Ephraim und Manasse per Losverfahren ihr Siedlungsgebiet bereits zugeteilt bekommen hatten, aber zunächst nicht in der Lage waren, es vollständig einzunehmen: *»Und die Söhne Josephs redeten mit Josua und sprachen: Warum hast du mir nur ein Los und einen Anteil zum Erbbesitz gegeben, obgleich ich doch ein großes Volk bin, da der Herr mich bisher so gesegnet hat? Da sprach Josua zu ihnen: Wenn du doch ein großes Volk bist, so ziehe hinauf in den Wald und rode dir dort aus, in dem Land der Pheresiter und Rephaiter, wenn dir das Bergland Ephraim zu eng ist! Da sprachen die Söhne Josephs: das Bergland wird nicht hinreichen für uns, aber alle Kanaaniter, die in der Ebene wohnen, haben eiserne Streitwagen, in Beth-Schean und in seinen Tochterstädten und in der Ebene Jesreel.«*

Es scheint also so gewesen zu sein, dass das Land Kanaan zwar unter den Stämmen aufgeteilt war, dass aber die jeweils zugeteilten Gebiete meist nicht sofort vollständig eingenommen und besiedelt werden konnten. Ein anderes Bild ergibt sich, wenn man die Landnahme des

Volkes Israel im *Ostjordanland* betrachtet: Dort ist auf die Eroberung tatsächlich zeitnah die dauerhafte Inbesitznahme gefolgt (Jos 12,1-24; 13,8-33). Aber in den Gebieten westlich des Jordans war das so nicht gleich möglich. In Josuas Abschiedsworten an die Ältesten der Stämme ist davon noch einmal deutlich die Rede. Josua spricht davon, dass die endgültige Vertreibung der Einwohner Kanaans noch in der Zukunft liegt. In Josua 23,5 heißt es: *»Und der Herr, euer Gott, er selbst wird sie vor euch ausstoßen und vor euch vertreiben, und ihr werdet ihr Land einnehmen, wie es der Herr, euer Gott, euch verheißen hat.«* Das Buch der Richter (Kap. 1) bestätigt das noch einmal ausdrücklich, indem es eine Liste der Orte und Gebiete präsentiert, die das Volk Israel zunächst nicht einnehmen konnte. Die Vorstellung, dass mit dem Einzug des Volkes Israel nach Kanaan eine sofortige Eroberung und Besiedlung des gesamten Landes erfolgt sei, ist also ein Missverständnis. Das Buch Josua berichtet anders und differenzierter.

1.2. Die Landnahme und die Archäologie

Selbst wenn man in Rechnung stellt, dass die Landnahme durch das Volk Israel im 13. Jahrhundert v.Chr. nicht überall sofort erfolgreich war, machen die Berichte des Buches Josua doch hinreichend klar, dass die Eroberung Kanaans durch die zwölf Stämme Israels ein dramatischer Vorgang gewesen ist. Sie muss Spuren hinterlassen haben, die heute durch archäologische Ausgrabungen nachweisbar sein sollten.

Tatsächlich ergeben sich aber gerade an diesem Punkt

einige Schwierigkeiten[89]: Nach dem Bericht des Buches Josua sind im Zuge der Landnahme damals nur drei Städte (nämlich Jericho, Ai und Hazor) verbrannt worden. In Josua 11,12-13 wird ausdrücklich darauf hingewiesen: *»Und Josua eroberte alle Städte dieser Könige samt allen ihren Königen und schlug sie mit der Schärfe des Schwertes und vollstreckte den Bann an ihnen – wie es Mose, der Knecht des Herrn, geboten hatte. Aber Israel verbrannte keine der Städte, die auf ihrem Hügel standen; ausgenommen Hazor, das allein verbrannte Josua.«* Diese Tatsache ist nicht unwichtig: Wenn eine Stadt erobert und verbrannt wurde, lässt sich das archäologisch leicht nachweisen. Der Brand hinterlässt Spuren, die auch Jahrtausende danach noch sichtbar sind. Das Volk Israel verbrannte aber im Zuge der Landnahme nur drei Städte (Jericho, Ai und Hazor). Alle anderen Städten wurden eingenommen, ohne dass es zur Vernichtung der Stadt durch Feuer kam. Eine Eroberung *ohne* Brandschatzung ist archäologisch aber nur schwer nachzuweisen, da sie keine (dauerhaften) Spuren hinterlässt. Es macht also keinen Sinn, in allen damals eroberten Städten nach Spuren von Zerstörung durch Feuer zu suchen. Man wird sie nicht finden *können*, da im Zuge der Landnahme damals eben nur drei Städte verbrannt wurden.

Eine weitere Schwierigkeit ergibt sich dadurch, dass in den Überresten antiker Städte nicht immer alle Schichten erhalten sind. Eine Stadt, die durch Eroberung, Erdbeben oder den Ausbruch eines Vulkans zerstört oder im Laufe ihrer Geschichte von den Be-

---

[89] Vgl. Kitchen, Das Alte Testament, S. 240-241.

wohnern verlassen worden ist, bildet Schichten, die aus den Trümmern der Stadt bestehen. In der Regel lässt sich aus diesen Schichten (und den darin erhaltenen Tonscherben etc.) die Geschichte einer Stadt ziemlich präzise ermitteln. Manchmal jedoch sind eine oder auch mehrere Schichten durch Erosion oder auch durch zerstörende Eingriffe von Menschen nicht oder nicht vollständig erhalten. Dann ist es sehr viel schwieriger, die Geschichte dieser Stadt zu rekonstruieren.

Problematisch ist zuweilen auch die genaue Zuordnung von biblischen Städtenamen zu heute vorfindlichen Ruinenhügeln, den sogenannten »Tells«. Die Lage von antiken Städten, die zum Beispiel im Buch Josua erwähnt werden, ist nicht immer hundertprozentig klar. Manchmal kommen durchaus verschiedene Tells in Frage, und es ist für die Archäologie dann eine mühselige, langwierige (und teure!) Aufgabe, unter mehreren möglichen Tells den einen, richtigen herauszufinden. Mehr als 90% der Ruinenhügel in Israel sind archäologisch bis heute nicht erforscht und bergen mit Sicherheit noch eine Menge Überraschungen.

2. Die historische Verlässlichkeit des Buches Josua

Befragt man die historischen Quellen, wird rasch klar, dass im 14./13. Jahrhundert v.Chr. verschiedene Völkergruppen (nicht nur die Israeliten) in das Gebiet des Landes Kanaan eingedrungen sind. Die ägyptischen Amarnabriefe liefern davon ein lebendiges Bild.[90] Für die ägyptischen Pharaonen war Kanaan ein direkter

---

[90] Vgl. Kitchen, Das Alte Testament, S. 220.

Nachbar. Sie hatten von daher immer ein großes Interesse an allem, was in diesem Land vor sich ging. In den Amarnabriefen[91] (Mitte des 14. Jahrhunderts) berichten nun Vertraute des Pharao angstvoll von großen Schwierigkeiten mit verschiedenen Eindringlingen, die die Machtverhältnisse im Land durcheinanderbrächten. Diese sogenannten »Apiru« wären dabei, das Land unter ihre Kontrolle zu bringen. Die »Apiru« werden auch auf verschiedenen ägyptischen Stelen (Steinsäulen mit Inschrift) erwähnt.[92] Sie können nicht direkt mit den biblischen Hebräern gleichgesetzt werden[93], sondern sind die Bezeichnung für Eindringlinge unterschiedlicher Herkunft und Nationalität. Die Berichte der Amarnabriefe über die Apiru zeigen, dass damals unterschiedliche Völkergruppen versuchten, das Land Kanaan (oder zumindest Teile desselben) einzunehmen. Unter diesen Völkergruppen waren im späten 13. Jahrhundert (um 1210 v.Chr.) auch die Israeliten, die von Osten her ins Land Kanaan eindrangen. Auffällig ist, dass dieselbe Furcht vor den Apiru, die in den Amarnabriefen zum Ausdruck kommt, sich auch im Buch Josua findet, zum Beispiel im Bericht über die Gibeoniter, die aus Furcht

---

[91] El-Amarna-Briefe 68, 71, 73-77, 81-88, 116, 144, 189, 207, 243, 271-274, 281, 291.

[92] Englische Übersetzung der Stelentexte in: Kitchen, Ramesside Inscriptions Translated and Annotated I, Oxford 1993, S. 9f; 12f. Siehe auch in: W.W. Hallo, K. L. Younger (Hrsg.), The Context of Scripture II, Leiden 2000, S. 25f, 27f. Kommentar in: K.A. Kitchen, Ramesside Inscriptions, Translated and Annotated, Translations I, Oxford, 1993, S. 17-19, 20f. Y. Aharoni, Das Land der Bibel, Neukirchen-Vluyn 1984, S. 193f.

[93] Kitchen, Das Alte Testament, S. 220.

ein Bündnis mit den Israeliten schließen (Jos 9). Auch die Worte der Rahab, einer Prostituierten in der Stadt Jericho, spiegeln diese Angst wider. In Josua 2,9 äußert sie sich gegenüber zwei hebräischen Kundschaftern so: *»Ich weiß, dass der Herr euch das Land gegeben hat; denn es hat uns Furcht vor euch überfallen, und alle Einwohner des Landes sind vor euch verzagt.«* Die Wirkung, die die Israeliten im Zuge der Landnahme auf die Bewohner Kanaans hatten, wird in den ägyptischen Quellen einerseits und dem Buch Josua andererseits in ganz ähnlicher Weise beschrieben. Die Berichte des Buches Josua zeigen sich schon von daher als historisch verlässliche Quelle.

Am Beginn der Landnahme Israels stand die Durchquerung des Jordans, und zwar trockenen Fußes (Jos 3,17). Die Bibel berichtet, dass dieses Ereignis in eine Zeit des Jordanhochwassers fiel (Jos 3,15). Sie berichtet weiter, dass die Wassermassen nahe der Ortschaft Adam wie von einem Damm aufgestaut wurden (Jos 3,16), und dass dies exakt zu *dem* Zeitpunkt geschah, als das Volk Israel von Osten her am Jordan ankam (Jos 3,1).

Der Bericht im Buch Josua wirkt auf heutige Leser zunächst wie eine Fantasieerzählung. Wie soll man sich eine so plötzlich eintretende Aufstauung des Jordan überhaupt vorstellen? Das Rätsel löst sich, wenn man die Fakten, die der Josuabericht präsentiert, genau zur Kenntnis nimmt.[94] Die erwähnte Ortschaft Adam (heute Tell ed-damije)[95] liegt etwa 25 Kilometer von Jericho entfernt am Jordan. Der Fluss hat an dieser Stelle hohe

---

[94] Ebd.
[95] Ebd.

Ufer, die insbesondere in Zeiten des Hochwassers leicht abrutschen und dann den Fluss für begrenzte Zeit aufstauen. So geschah es zum Beispiel nachweislich im Jahr 1267 n.Chr. Damals rutschte ein am Ufer gelegener Hügel ab und staute den Fluss für insgesamt 16 Stunden. Im Jahr 1906 kam es wiederum zu einem Erdrutsch an dieser Stelle, und dann noch einmal anlässlich eines Erdbebens im Jahr 1927 n.Chr. Damals rutschte nicht nur das Westufer des Jordans und ein dort befindlicher Weg ab, sondern auch eine Steilwand von 50 Meter Höhe, was zu einem Stau von insgesamt 24 Stunden führte.[96]

Es liegt nahe, dass anlässlich der Durchquerung des Jordans zu Beginn der Landnahme Israels analoge Ereignisse zur Aufstauung des Flusses führten und es den Israeliten ermöglichten, tatsächlich trockenen Fußes hindurchzugehen. Das Besondere der Ereignisse damals liegt in der Tatsache, dass die Aufstauung des Jordans mit wunderbarer Pünktlichkeit exakt zum richtigen Zeitpunkt und an der richtigen Stelle stattfand.

Das Buch Josua erwähnt in seinen Berichten viele Städte mit ihren altertümlichen Namen, die später nicht mehr gebräuchlich waren. Zu ihnen gehören zum Beispiel: Kirjat-Sanna für Debir (Jos 15,49) und Kirjat-Arba für Hebron (Jos 15,13.54). Die Tatsache, dass diese alten Bezeichnungen dem Buch Josua bekannt sind, deutet darauf hin, dass es tatsächlich in der Zeit der Landnahme entstanden ist.

Zahlreiche Städte Kanaans sind im Zuge der Landnahme Israels eingenommen worden. Wie schon be-

---

[96] J. Garstang, Josua, Judges, London 1931, S. 136-138 mit Karte (S. 126) und Fotografien (Abb. XXV).

merkt (siehe Teil II.1.2.), ist es aber schwierig, die Eroberung einer Stadt archäologisch nachzuweisen, wenn die Stadt im Zuge dieser Eroberung intakt blieb und *nicht* zerstört wurde. Die Berichte des Buches Josua nennen nun die Namen von 21 Städten, in denen genau dies geschah. Archäologisch lässt sich also die *Eroberung* dieser Städte heute nicht nachweisen. Man kann aber herausfinden, ob diese Städte zur Zeit der Landnahme (14./13. Jahrhundert v.Chr.) bewohnt waren oder nicht. Eine Untersuchung ergibt folgendes Bild: Zur Zeit der Landnahme bewohnt waren Aseka[97], Libna[98], Lachisch[99], Geser[100], Eglon[101], Debir[102],

---

[97] E. Stern (Hrsg.), The New Encyclopedia of Archaeological Excavations in the Holy Land, Bd.1, Jerusalem und New York 1993, S. 123f. Im weiteren Verlauf angegeben als: Stern, Encyklopedia.

[98] A.F. Rainey, in: Tel Aviv 7, 1980, S. 198 und in. Bulletin of the American Schools of Oriental Research 251, 1983, S. 3. J.L. Peterson, D.N. Freedman u.a. (Hrsg.), The Anchor Bible Dictionary, New York 1992, Bd. 4, S. 322-323.

[99] D. Ussishkin, E. Stern (Hrsg.), The New Encyclopedia of Archaeological Excavations in the Holy Land, Jerusalem und New York Bd. 3, S. 897-911. J.N. Tubb (Hrsg.), Palestine in the Bronze and Iron Ages, London 1985, S. 211-230.

[100] W.G. Dever, E. Stern (Hrsg.), The New Encyclopedia of Archaeological Excavations in the Holy Land, Jerusalem und New York Bd. 2, S. 496-506 und ABD 2, S. 998-1003.

[101] A. F. Rainey, in: K. Crim (Hrsg.), The Interpreter's Dictionary of the Bible, Supplementary Volume, Nashville 1976, S. 252. Ders. In: Tel Aviv 7, 1980, S. 197. Ders. in: Bulletin of the American Schools of Oriental Research 251, 1983, S. 9-10. Ders. in: Israel Exploration Journal 1 1950/51 18, 1968, S. 194-195.

[102] Stern, Encyclopedia, Bd.4, S. 1252. K. Galling, Zur Lokalisierung von Debir, in: Zeitschrift des Deutschen Palästina-Vereins 70/1954, S. 135-141. Stern, Encyclopedia, Bd.1, S. 177-180.

Jarmut[103], Megiddo[104], Taanach[105], Jokneam[106], Dor[107], Tirza[108], Afek[109], Jerusalem[110], Achschaf[111], Kedesch[112], Bethel[113], Sichem[114], Gibeon.[115]

Die antike Ortschaft Makkedas liegt heute unter einem arabischen Dorf. Dort konnten bisher nur sehr begrenzt Untersuchungen durchgeführt werden. Folgerichtig liegen zu diesem im Buch Josua erwähnten Ort keine Erkenntnisse vor.[116]

---

[103] Stern, Encyclopedia, Bd. 2, S. 661-665.

[104] Stern, Encyclopedia, Bd. 3, S. 1003-1024. I. Finkelstein, D. Ussishkin u.a. in: Megiddo III, Tel Aviv 2000; Megiddo IV, Tel Aviv 2006.

[105] Stern, Encyclopedia, Bd. 4, S. 1428-1433; S. Kreuzer, „Palästinaarchäologie aus Oestereich", in: K. Schwarz, F. Wagner (Hersg.), Beiträge zur Geschichte, Wien 1997, S. 257-276.

[106] Stern, Encyclopedia, Bd. 3, S. 805-811.

[107] Stern, Encyclopedia, Bd. 1, S. 358. D. Baly, Geography of the Bible, London 1974/2, S. 26.

[108] Stern, Encyclopedia, Bd. 2, S. 439.

[109] Stern, Encyclopedia, Bd. 1, S. 68. M. Kokhavi, Aphek in Canaan, the Eygyptian Govermor's Residence and It's Finds, Jerusalem 1990, Katalog S. 312.

[110] M. Kokhavi, Aphek in Canaan, the Eygyptian Govermor's Residence and It's Finds, Jerusalem 1990, Katalog S. 202ff. J. Cahill in: Biblical Archaeological Review 24, 4, 1998, S. 34-38.

[111] Stern, Encyclopedia, Bd.3, S. 862-867. Ders., Bd. 1, S. 68.

[112] Stern, Encyclopedia, Bd. 3, S. 860.

[113] Stern, Encyclopedia, Bd.1, S. 192-194. A.F. Rainey, WTJ 33, 1970-1971, S. 175-188.

[114] Stern, Encyclopedia, Bd. 4, S. 1315-1354.

[115] Kitchen, Das Alte Testament, S. 241-244.

[116] W.G. Dever, E. Stern (Hrsg.), The New Encyclopedia of Archaeological Excavations in the Holy Land, Jerusalem und New York Bd. 4, S. 1233-1235. D.A. Dorsey in: Tel Aviv 7, 1980, S. 185-193. A.F. Rainey, Bulletin of the American Schools of Oriental Research 251, 1983, S. 4.

Das antike Hebron wurde bisher bei Gebel er-Rumeda vermutet. Dort fanden sich keine Besiedlungsspuren für die Zeit der Landnahme. Neuere Untersuchungen vermuten das antike Hebron an einer Grabungsstelle in der Nähe von Gebel er-Rumeda, wo Besiedlungsspuren für die Zeit der Landnahme gefunden wurden.

Von 21 Städten, die im Buch Josua erwähnt werden und im Zuge ihrer Eroberung nicht zerstört wurden, waren 19 sicher, eine (Hebron) wahrscheinlich bewohnt. Über eine weitere liegen keine Informationen vor. Von *keiner* Ortschaft aber ist nachgewiesen, dass sie zur Zeit der Landnahme unbewohnt war. Dies ist ein sehr eindeutiges Ergebnis. Es bestätigt die Angaben des Buches Josua.

Was die im Rahmen der Landnahme zerstörten Städte Hazor, Ai und Jericho angeht, lässt sich aus archäologischer Sicht Folgendes feststellen: Die Stadt Hazor kann man sicher lokalisieren. Sie liegt im Ruinenhügel Tell el-Qedah.[117] Das Buch Josua bezeichnet sie als das »*mächtigste von allen* (kanaanäischen) *Königreichen*« (Jos 11,10). Diese Beschreibung ist korrekt. Hazor besaß eine Festung und eine große Unterstadt und war für damalige Verhältnisse eine riesige Anlage. Festung und Stadt wurden nachweislich im 13. Jahrhundert v.Chr. durch einen Großbrand

---

[117] Bulletin of the American Schools of Oriental Research Bd. 2, S. 594-606. A. Ben-Tor u.a. in: Israel Exploration Journal 42-48, 1992-1998 N. Silbermann, D. Small (Hersg.), The Archaeology of Israel, Constructing the Past, Interpreting the Present, Sheffield 1997, S. 107-127. S. Gitin, A. Mazar, E. Stern (Hrsg.), Mediterranian Peoples in Transition, Jerusalem 1998, S. 456-467. A. Ben-Tor, M.T. Rubiato in: Biblical Archaeological Review, 25, 3, 1999, S. 22-39.

zerstört.[118] Dieser Befund passt exakt zu den Berichten Josuas (Jos 11).

Die Stadt Ai[119] wird in Josua 12,9 als *bei Bethel liegend* beschrieben. Verschiedene Ausgrabungen im Ruinenhügel et-Tell, der einige Kilometer von Bethel entfernt liegt, haben aber bisher keine Bestätigung erbracht, dass dieser Ort zur Zeit der Landnahme Israels besiedelt war. Allerdings ist noch nicht das gesamte Areal von et-Tell ausgegraben worden. Strittig ist auch, ob et-Tell tatsächlich mit der antiken Stadt Ai identisch ist oder ob sie an einer anderen Stelle zu suchen ist. Man darf gespannt sein, welche Erkenntnisse über Ai die archäologischen Ausgrabungen im Großraum Bethel zukünftig zu Tage fördern werden.

Die antike Stadt Jericho lag wenige Kilometer vom Toten Meer entfernt in unmittelbarer Nähe des Jordanflusses. Sie war zur Zeit der Landnahme der Israeliten eine stark befestigte und darum äußerst beeindruckende Stadt. Jedenfalls waren die Kundschafter, die das Land Kanaan ausspionieren sollten, bevor die Israeliten dort einmarschierten, äußerst beeindruckt (5Mo 1,24-28). Die Mauern Jerichos waren von massiver Machart! Zwei Kampfwagen konnten auf der Mauer neben-

---

[118] Kitchen, Das Alte Testament, S. 243-244.

[119] Stern, Encyclopedia, 1993, Bd.1, S. 39-45. E. Robinson, Biblical Researches in Palestine II, London 1841, S. 312-324. Y. Kaufmann, The Biblical Account of the Conquest of Palestine, Jerusalem 1953, S. 77, Anm. 64. Z. Zevit in: Bulletin of the American Schools of Oriental Research 251, Washington 1983, S. 26. 28. Ders. mit J.A. Callaway in: Biblical Archaeological Review, 11, 2, Washington 1983, S. 62. A. R. Millard, Treasures from Bible Times, Oxford 1997, S. 99.

einander herfahren.[120] Dass die Bewohner Jerichos sich solche Mühe mit ihrer Stadtmauer gaben, war kein Wunder! Jericho lag nämlich an einer Jordanfurt und an einer der Haupt-Handelsstraßen, die nach Jerusalem und dann weiter zu den Küstenstädten am Mittelmeer führten. Das heißt: Es kamen viele Waren und viel Geld nach Jericho. Die Stadt hatte also viel zu verlieren. Grund genug, für ein hohes Maß an Sicherheit zu sorgen.[121]

Die Reste der Stadt Jericho sind seit dem Jahr 1948 in Israel ausgegraben worden. Der Archäologe John Garstang[122] war der Erste, der die Trümmer vergangener Jahrhunderte aufdeckte. Dabei stellte sich heraus, dass Jericho tatsächlich einmal bis auf die Grundmauern zerstört worden ist. Interessant dabei war, dass die ausgegrabenen Mauerreste der Stadt erkennen ließen, dass die Mauersteine der Stadtmauer *nach außen* umgekippt waren. Normalerweise fielen Stadtmauern *nach innen*, wenn von außen mit einem Rammbock dagegengedrückt wurde. In Jericho jedoch waren sie *nach außen* gefallen, sodass sie eine Art »Treppe« bildeten, die von den Israeliten bei der Erstürmung benutzt werden konnte[123], eine interessante Bestätigung

---

[120] John F. MacArthur, New Testament Commentary, Hebrews, Chikago 1983, S. 361f.

[121] Ebd., S. 361f.

[122] J. und J.B.E. Garstang, The Story of Jericho, London 1948, S. 122. Vgl. Uwe Zerbst, Peter van der Veen, Von Ur bis Nazareth, Eine biblisch-archäologische Zeitreise, Holzgerlingen 2009. S. 14-19.

[123] Ebd., S. 14-15.

des biblischen Berichtes im Buch Josua.[124] Bis heute wird übrigens um die Funde von Jericho heftig gestritten.[125] Man hat Garstangs Datierung der Zerstörung Jerichos in die Zeit des Josua bestritten. Erschwerend kommt hinzu, dass einige archäologische Schichten aus der Geschichte der Stadt einfach weggeschwemmt und erodiert sind, sodass keine sichere Datierung mehr möglich ist. Eine genaue archäologische Rekonstruktion des Schicksals der Stadt ist also schwierig. Strittig ist auch die Deutung der einzelnen Funde in den verschiedenen Ausgrabungsschichten. Fest steht nur, dass es eine Zerstörung der Stadt Jericho gegeben hat, die mit den in Josua 6 berichteten Ereignissen zusammenpasst.

Das Buch Josua enthält keine ausdrückliche Verfasserangabe. Eine Notiz in der Abschiedsrede Josuas merkt aber an, dass Josua schriftliche Aufzeichnungen anfertigte (Jos 24,26). Dies spricht dafür, dass Josua selbst als Verfasser dieses Buches angesehen werden kann.[126]

---

[124] Ebd.

[125] Vgl. Kitchen, Das Alte Testament, S. 247-248.

[126] Davon ausgenommen ist natürlich die Nachricht von Josuas Tod und Begräbnis in Jos 24, 29-33.

III. Teil: Die Bücher des Landes

1. Das Buch der Richter

1.1. Bescheidene Anfänge

Das Buch der Richter ist das Buch der bescheidenen Anfänge.[127] Es berichtet über das Leben des Volkes Israel unmittelbar nach der dramatischen Zeit der Landnahme. Es schildert das Versagen der Israeliten, die sich immer wieder aus der Abhängigkeit von Gott lösen und daraufhin in neue Abhängigkeiten geraten, diesmal von Menschen. Es spricht aber auch von Gottes Erbarmen, der sich immer wieder seinem Volk zuwendet und Rettung in Person der Richter ermöglicht.

Das erste Kapitel des Richterbuches liefert ein klares Bild von der Lage des Volkes Israel nach Josua: Die Israeliten konnten zwar ihre Macht in den Bergregionen Kanaans festigen und auch ausdehnen, es gelang ihnen aber nicht, auf Dauer in die Ebenen des Landes vorzudringen. Dort herrschten nach wie vor die Kanaaniter und Philister, deren eiserne Streitwagen gefürchtet waren.

Im Süden Kanaans hatte Israel zwar im Negev militärische Erfolge. Aber die Städte Gaza, Askalon und Ekron blieben in der Hand der Philister. Die Stadt Jerusalem wurde angegriffen, eingenommen und in Brand gesetzt. Aber es gelang nicht, sie auf Dauer zu halten. Die Jebusiter blieben dort wohnen. Erst unter König David gelang es, sie endgültig von dort zu vertreiben.

---

[127] Vgl. Kitchen, Das Alte Testament, S. 265-267.

Im Zentrum Kanaans konnte schließlich die Stadt Bethel eingenommen werden, nicht aber die Städte Geser, Dor und die Ebene Jesreel, die unter kanaanäischer Herrschaft blieben. Darüber hinaus drängten die Amoriter den Stamm Dan ins Bergland zurück und hinderten ihn an der Ausdehnung seines Siedlungsgebietes (Ri 1,34).

Im Norden Kanaans konnten sich die Stämme Sebulon, Asser und Naftali nur in der Nachbarschaft der Kanaanäer ansiedeln, sie aber nicht überwinden.

Die Anfänge des Volkes Israel in Kanaan sind also recht bescheidene Anfänge gewesen. Die Kapitel 2-3 des Richterbuches nennen dann den Grund für die zögerliche Inbesitznahme des verheißenen Landes: Es ist Israels Ungehorsam.

In Richter 2,1-3 heißt es: *»Und der Engel des Herrn kam von Gilgal herauf nach Bochim und sprach: Ich habe euch aus Ägypten heraufgeführt und euch in das Land gebracht, das ich euren Vätern zugeschworen habe; und ich sagte: Ich will meinen Bund mit euch nicht aufheben ewiglich! Ihr aber sollt mit den Einwohnern dieses Landes keinen Bund machen, sondern ihre Altäre niederreißen. Aber ihr habt meiner Stimme nicht gehorcht! Warum habt ihr das getan? So habe ich nun auch gesagt: Ich will sie nicht vor euch vertreiben, damit sie euch zu Fangnetzen und ihre Götter euch zu Fallstricken werden.«*

Die Zeit der Richter (1210-1042 v.Chr.[128]) ist auch die Zeit von Israels geistlichem Versagen. Ausführlich

---

[128] Mit der Einsetzung Sauls als erstem König Israels (1042 v.Chr.) endet die Zeit der Richter.

wird in Richter 2,6-3,6 ein Grundmuster beschrieben, das die Zeit der Richter nachhaltig geprägt hat:

1. Israel verlässt den Bund mit dem lebendigen Gott und wendet sich stattdessen dem Baalskult zu.

2. Das Volk gerät daraufhin in große Schwierigkeiten und wird von seinen Feinden bedrängt.

3. Das Volk tut Buße und schreit zu Gott um Hilfe.

4. Gott beauftragt einzelne Richter im Volk Israel und bewirkt durch sie Befreiung und einen geistlichen Neuanfang. Solange der Richter lebt, bleibt das Volk Israel dem Bund mit dem Gott Israels treu.

5. Nach dem Tod des Richters verlässt Israel erneut den Bund mit dem lebendigen Gott und wendet sich wieder dem Baalskult zu. Dieses Grundmuster wiederholt sich wieder und wieder.

Die Kapitel 3-16 stellen dann das Wirken von insgesamt zwölf Richtern vor: Otniel, Ehud, Schamgar, Barak und Debora, Gideon, Tola, Jair, Jefta, Ibzan, Elon, Abdon und Simson. Das unheilvolle Grundmuster von Ungehorsam, Strafe, Buße, Befreiung und neuem Abfall zeigt sich während ihres Wirkungszeit immer wieder. Das Richterbuch ist also nicht in erster Linie daran interessiert, die Inbesitznahme des Landes Kanaan durch das Volk Israel detailliert und umfassend zu beschreiben. Sein Ziel liegt eher darin, die geistlichen Gründe aufzuzeigen, warum die Inbesitznahme Kanaans so langsam und zögerlich vonstatten ging. Auch die Schlusskapitel des Buches (17-21), die einzelne exemplarische Fälle von geistlichem Versagen Israels aufgreifen, dienen diesem übergeordneten Ziel.

1.2. Das sogenannte »deuteronomistische Geschichts-werk«

Es ist deutlich geworden, dass das Richterbuch in seiner Darstellung der Geschichte Israels einem bestimmten Grundmuster folgt (siehe Teil III.1.1), das aus vier aufeinander aufbauenden Aussagen besteht: (1) Israel verlässt den Bund mit dem lebendigen Gott und wendet sich stattdessen dem Baalskult zu. (2) Das Volk gerät daraufhin in große Schwierigkeiten und wird von seinen Feinden bedrängt. (3) Das Volk tut Buße und schreit zu Gott um Hilfe. (4) Gott beauftragt einzelne Richter im Volk Israel und bewirkt durch sie Befreiung und einen geistlichen Neuanfang.

Die bibelkritische Forschung behauptet nun bis heute, dass diese besondere Sicht der Geschichte Israels aus dem Fünften Buch Mose (5Mo 28-30) entnommen sei. Da das Fünfte Buch Mose aber frühestens um 620 v.Chr. entstanden sei, könne das Richterbuch natürlich auch erst nach dem Jahr 620 v.Chr. verfasst worden sein. Die bibelkritische Theologie spricht in diesem Zusammenhang vom sogenannten »deuteronomistischen Geschichtswerk«.[129] Sie meint, dass sowohl das Buch der Richter, aber auch die Samuel- und Königsbücher zum »deuteronomistischen Geschichtswerk« gehören und darum allesamt erst im siebten oder sechsten Jahrhundert v.Chr. (oder noch später!) entstanden sein könnten. Begründet wird diese Behauptung mit der

---

[129] Schmidt, Einführung, S. 136-160. J. Wellhausen, Prolegomena zur Geschichte Israels, 1883, Neudruck der 6. Auflage von 1927: Berlin 2001. E. Zenger, Einleitung in das AT, Stuttgart 19983, S. 130f.

Annahme, dass eine so ausgefeilte Theologie, wie sie das Richterbuch präge, zur Zeit der Richter noch völlig undenkbar gewesen sei.

Diese Annahme ist jedoch unzutreffend. Die Behauptung, die Theologie des Richterbuches sei frühestens im siebten bzw. sechsten Jahrhundert v.Chr. belegt, ist nachweislich falsch. Aus dem benachbarten Ägypten sind aus der Zeit des 13. und 12. Jahrhunderts v.Chr. beschriftete Steine erhalten. Sie stammen aus den Händen von Arbeitern, die in dieser Zeit in dem ägyptischen Dorf Der-el-Medine wohnten und im Auftrag der Pharaonen im Tal der Könige die Grabmale der Pharaonen bauten und dekorierten.[130] Einer von ihnen war ein Maler (oder technischer Zeichner), der den Namen Nebre trug. Nebre hat nun in Steininschriften von seinem Sohn Nachtamun (auch einem technischen Zeichner) ausführlich berichtet. Er schildert (1) das falsche Handeln Nachtamuns, das (2) von dem Gott Amun mit Krankheit bestraft worden sei, sodass er dem Sterben nahe gewesen sei. In Reue habe man daraufhin (3) »Bitten vor das Angesicht (Amuns) gebracht« und (4) »er (Amun) befreite den technischen Zeichner Nachtamun«, denn »Amun wandte sich gnädig zu ihm um«.[131]

Die Ähnlichkeiten zwischen den Gedanken Nebres (in Bezug auf den Gott Amun) und dem theologischen

---

[130] Kitchen, Das Alte Testament, S. 287-288.

[131] Kenneth A. Kitchen, Poetry of Ancient Egypt, Jonsered 1999, S. 289f. Ders. In: Ramesside Inscriptions Translated and Annotated I, Notes and Comments Oxford 1993 III (2000), S. 444-446. O. Kaiser u.a. (Hrsg), Texte aus der Umwelt des Alten Testaments II, Gütersloh 1986-1991, S. 872ff.

Denken des Richterbuches sind auffällig: (1) falsches Handeln, (2) Strafe, (3) Buße und (4) Befreiung entsprechen dem theologischen Grundmuster im Richterbuch. Dabei ist wichtig: Nebre war kein Theologe, sondern ein Maler und technischer Zeichner. Trotzdem waren ihm die skizzierten theologischen Denkmuster geläufig. Das setzt voraus, dass Gedanken, wie er sie in Stein meißelte, damals in Ägypten verbreitet gewesen sein müssen.

Interessant ist auch der Fund einer Stele (Steinsäule) in Ägypten, die von den Pharaonen Echnaton und Tutenchamun berichtet. Auch dort findet sich dieselbe Gedankenabfolge von falschem Handeln, Strafe, Buße und Befreiung. Es wird dort vermerkt, dass Echnaton die Heiligtümer der Götter vernachlässigte (1). Daraufhin sei das Land in Not geraten (2). Als Tutenchamun die Götter der Heiligtümer wiedererrichtete (3), wurde die Ordnung im Land wiederhergestellt und die Not hatte ein Ende (4). Auch hier findet sich dieselbe Gedankenabfolge von Abfall (von den Göttern), Strafe, Buße und Befreiung (aus der Not).[132]

Es ist also keineswegs so, dass die Theologie des Richterbuches erst im 7. oder 6. Jahrhundert überhaupt denkbar wäre. Denkmuster, wie sie im Richterbuch geläufig sind, gab es nachweislich bereits in Ägypten zur Zeit des 13. und 12. Jahrhunderts v.Chr. Warum also sollte man dem Volk Israel solche Denkmuster einfach absprechen? Dabei ist klar: Man kann die Religion Ägyptens nicht mit der Offenbarung Gottes im Alten Testament gleichsetzen. Es gibt viele und schwerwie-

---

[132] B.G. Davies, Egyptian Historical records of the Later Eighteenth Dynasty, Lieferung IV, Warminster 1995, S. 30-33, § 772.

gende Unterschiede zwischen ihnen, aber so viel wird doch deutlich: Gedanken, wie sie für das Richterbuch typisch sind, gab es in ähnlicher Form auch in den Religionen der Nachbarvölker Israels. Es gibt darum keinen Grund, die Entstehung des Richterbuches ins 7. oder 6. Jahrhundert v.Chr. zu verlegen. Der bibel-kritischen Konstruktion eines »deuteronomistischen Geschichtswerkes« fehlt damit die Grundlage.

1.3. Was die Stadt Dan verrät

Das Richterbuch (Kap. 1,34) berichtet, dass der israelitische Stamm Dan sich nicht in seinem Stammesgebiet halten konnte, weil die Philister ihn aus den Tälern in die Bergregionen abdrängte. Am Ende des Richterbuches findet sich nun eine kurze Notiz, die von dem Überfall des Stammes Dan auf die Stadt Lais (»ein stilles, sorgloses Volk« – Ri 18,27) berichtet. Der Bericht schildert, wie die Daniter die Stadt zerstören und sie von Lais in Dan umbenennen (Ri 18,27-30).

Die Lage der alten Stadt ist heute bekannt. Sie ist mit dem Tell el-Qadi am Oberlauf des Jordans identisch. Ausgrabungen in diesem Tell förderten nun interessante Einzelheiten zutage. So war die Stadt bis zu ihrer Zerstörung im 12. Jahrhundert v.Chr. eine reiche kanaanäische Stadt. Die Zeit nach ihrer Zerstörung zeigt dann aber ein ganz anderes Bild: Nun müssen dort Menschen gesiedelt haben, die in Zelten wohnten und ein sehr einfaches Lebens führten. Davon legen die gefundenen Tongefäße ein beredtes Zeugnis ab. Später löst dann wieder eine feste Stadt das Zeltlager ab. Und hier finden sich jetzt Tongefäße, wie sie für das Volk Israel typisch waren.[133] Unwillkürlich muss man an den Bericht aus dem 18. Kapitel des Richterbuches über den Überfall der Daniter auf die Stadt Lais denken: Zeitlich und inhaltlich stimmen der Bericht und die archäologischen Fakten genau überein. Interessant ist nun weiter, dass die Stadt Dan Mitte des 11. Jahrhunderts wieder zerstört wurde. Eine Schuttschicht von einem halben Meter Dicke beweist das eindrücklich. Die Frage ist nur, wer das getan haben könnte. Denkbar wäre, dass die Stadt Dan ein Opfer der Auseinandersetzung Israels mit den Philistern wurde. 1. Samuel 4 berichtet von einem Kampf Israels mit den Philistern, der sich Mitte des 11. Jahrhunderts in der Nähe der Stadt Silo abgespielt hat. Möglicherweise sind die Philister damals noch weiter nach Norden gezogen und haben die Stadt Dan angegriffen und eingeäschert. Später haben die Daniter ihre Stadt dann aber wieder errichtet: Auch dies lassen die Ausgrabungen im Tell el-Qadi erkennen.[134]

Es wird deutlich: Biblischer Bericht und archäologische Fakten ergeben gemeinsam ein stimmiges Bild von den historischen Ereignissen damals, wenn man nur bereit ist, die Berichte der Bibel nicht von vornherein ins Reich der Fantasie zu verweisen, sondern erst einmal davon ausgeht, dass es sich tatsächlich um historische Dokumente aus der Richterzeit handelt.

---

[133] Zu den archäologischen Funden im Einzelnen: A. Biran, Biblical Dan, Jerusalem 1994, S. 125-146.

[134] Kenneth A. Kitchen, Poetry of Ancient Egypt, Jonsered 1999, S. 279f.

1.4. Rätselhafte Bevölkerungszahlen

Unter der Leitung der Archäologen I. Finkelstein[135] und A. Zertal[136] wurden gegen Ende des 20. Jahrhunderts sogenannte Flächengrabungen im Gebiet des Stammes Ephraim und im westlichen Siedlungsgebiet des Stammes Manasse vorgenommen. Dabei kamen signifikante, aber zunächst ziemlich rätselhafte Fakten zum Vorschein: Im Gebiet des Stammes Ephraim (also in Zentralkanaan) gab es bis zur Zeit der Landnahme der Israeliten (Josua/Richter) höchstens ein Dutzend Siedlungen. Danach jedoch (also in der Zeit Josuas und der Richter) schnellte die Anzahl der Gehöfte, Dörfer und Siedlungen in die Höhe: Im Gebiet des Stammes Ephraim fanden sich nicht weniger als 131 Orte, zu denen später noch weitere 94 hinzukamen. Dies ist in der Tat eine gewaltige Steigerung. Im westlichen Gebiet des Stammes Manasse ergibt sich ein ähnliches Bild: Vor der Zeit der Landnahme existierten dort 39 (kanaanäische) Siedlungen. Danach jedoch waren es über 200. Allein im Gebiet des Stammes Ephraim wuchs die Bevölkerung sprunghaft um geschätzte 21.000 Bewohner an, die sich in der Richterzeit weiter auf (ebenfalls geschätzte) 51.000 erhöhte.[137]

Natürlich stellt sich die Frage, woher all die Menschen kamen, die diese Ortschaften gründeten und

---

[135] Ebd., S. 279f.

[136] A. Zertal, in: Biblical Archaeological Review, 17, 5, Washington 1991, S. 28-49, 75.

[137] I. Finkelstein, The Archaeology of the Israelite Settlement, Jerusalem 1988, S. 331-334. W.G. Dever, in: H. Shanks (Hrsg.), The Rise of Ancient Israel, Washington 1992, S. 43.

besiedelten, und was der Grund dafür war, dass sich die Bevölkerung Zentralkanaans in einem Zeitraum von ca. 50-60 Jahren plötzlich um das Fünffache vermehrte.[138] Finkelstein nahm an, dass sich die ortsansässige Bevölkerung Kanaans in diesem Zeitraum aus sich selbst heraus stark entwickelt haben müsse.[139] Dagegen wendet Kitchen aber zu Recht ein, dass eine derart hohe Geburtenrate wohl »nur mit Sexorgien im Rahmen der kanaanäischen Fruchtbarkeitskulte (zu) erklären«[140] und darum abzulehnen sei. Woher aber kamen dann die vielen Menschen?

Die biblischen Berichte der Bücher Josua und Richter liefern eine einleuchtende Erklärung: Sie berichten, dass das Volk Israel vor der Zeit Josuas nicht im Land Kanaan lebte, es dann aber (in der Zeit Josuas und der Richter) in einer Bewegung von Ost nach West besiedelte. Das heißt: Der rasante Anstieg der Bevölkerungszahlen und die ebenfalls rasante Zunahme der Anzahl von Dörfern und Siedlungen ist mit großer Wahrscheinlichkeit auf die Landnahme der Israeliten in der Zeit Josuas und der Richter zurückzuführen.[141] Darauf weisen auch die gefundenen Keramikgegenstände (z. B. Töpfe) hin.[142] Darüber hinaus beweisen die Inschriften

---

[138] Kitchen, Das Alte Testament, S. 299.

[139] I. Finkelstein in: Biblical Archaeological Review, 14, 5, Washington 1988, S. 40. Ders., The Archaeology of the Israelite Settlement, Jerusalem 1988, S. 341-351. Ders., N. Na'aman (Hsrg.), From Nomadism to Monarchy, 1994, S. 66-69. Gitin, Mazar, Stern, Mediterranean Peoples in Transition, 1998, S. 245-248.

[140] Kitchen, Das Alte Testament, S. 299.

[141] Ebd, S. 300.

[142] Ebd.

auf der bekannten ägyptischen Merenptah-Stele ohne jeden Zweifel, dass eine Volksgruppe namens Israel in der Richterzeit im Land Kanaan (wohl vor allem in den Bergregionen) lebte.[143]

Interessant sind in diesem Zusammenhang auch die Untersuchungen über die Essgewohnheiten von Kanaanitern und Israeliten zur Richterzeit. Dabei stellte sich im Rahmen von Ausgrabungen bei der Untersuchung von Speiseabfällen heraus, dass in einigen Gegenden Kanaans der Genuss von Schweinefleisch üblich war, in *anderen* dagegen nicht. So zeigte sich, dass in den Philistergebieten Schweinefleisch verzehrt wurde. Dasselbe gilt für die Siedlungsgebiete der Amoriter und Ammoniter im Ostjordanland.[144] In den Bergregionen Kanaans dagegen war der Genuss von Schweinefleisch in der Zeit der Richter offensichtlich ganz und gar nicht üblich, da sich in den Speiseabfällen dort keinerlei Schweineknochen fanden. Statt dessen fand man dort Knochen von Schafen, Ziegen und einer Art Reh.[145] Diese Fakten sprechen deutlich dafür, dass sich die Besiedlung Kanaans in der Tat so abgespielt haben muss, wie es die biblischen Bücher Josua und Richter berichten. Darüber hinaus zeigt sich, dass sich das Volk Israel bereits in der Zeit der Landnahme an die Speisegebote aus dem 3. Buch Mose über reine und unreine Tiere (3Mo11) hielt. Das wiederum zeigt, dass diese

---

[143] Ebd., S. 297.

[144] L. E. Stager in: Biblical Archaeological Review, 17, 2, Washington 1991 S. 31. B. Hesse in: Bulletin of the American Schools of Oriental Research 264, 1986, S. 17-27.

[145] Kitchen, Das Alte Testament, S. 304.

Gebote eben nicht erst im 7. oder 6. Jahrhundert v.Chr. entstanden sind, sondern längst vor der Zeit der Landnahme (also zur Zeit Moses) existierten, bekannt waren und auch eingehalten wurden.[146] Es sind also gerade die biblischen Informationen, die den Schlüssel zur Deutung ansonsten nur schwer erklärbarer archäologischer Funde liefern – ein deutlicher Hinweis auf die Präzision und Detailtreue der alttestamentlichen Überlieferung.

1.5. Das Richterbuch und sein Verfasser

Das Richterbuch ist etwa um 1000 v.Chr. entstanden, und zwar kurz nach dem Regierungsantritt Davids (1010 v.Chr.). Das Richterbuch setzt nämlich voraus, dass die Stadt Jerusalem noch in der Hand der Jebusiter ist (Ri 1,21) und dass das Königtum in Israel gerade erst begonnen hat (Ri 18,1; 19,1).

Einen Verfasser nennt das Richterbuch nicht. Denkbar wäre, dass der Prophet Samuel (er wurde gegen Ende der Richterzeit geboren) Berichte aus der Richterzeit sammelte und dann zum Richterbuch zusammenfügte. Dafür spricht eine Notiz aus dem 1. Samuelbuch (1Sam 10,25), die berichtet, dass Samuel anlässlich besonderer Ereignisse schriftliche Aufzeichnungen anfertigte.

---

[146] Ebd., S. 304.

2. Die Bücher Samuel, Könige und Chronik

2.1. Ein überraschendes Phänomen

Die Bücher Samuel, Könige und Chronik berichten über einen Zeitraum von etwa 450 Jahren. Sie schließen damit direkt an das Buch der Richter an. Ausgehend von der Berufung Sauls zum König (ca. 1042 v.Chr.) berichten sie über das Königtum Davids (1010-970 v.Chr.) und Salomos (970-930 v.Chr.) und die Teilung des Reiches im Jahr 930 während der Regierungszeit Rehabeams, Salomos Sohn.[147] Die Könige- und Chronikbücher schildern dann weiter, wie das Volk Israel in zwei Staaten lebte: einem Nordreich (Israel), das 10 Stämme umfasst, und einem Südreich (Juda), das zwei Stämme (Juda und Benjamin) umfasst. Es folgen Berichte über die Zerstörung der Stadt Samaria (Hauptstadt des Nordreiches/Israel) durch den assyrischen König Tiglat-Pileser III. und die Verschleppung der Bevölkerung Israels nach Assyrien. Daran schließen sich Informationen über den weiteren Weg des Südreiches (Juda) und seiner Könige bis zum Jahr 587 v.Chr. an. In diesem Jahr fiel die Hauptstadt des Südreiches, Jerusalem. Sie wurde von dem babylonischen König Nebukadnezar (aus dem Gebiet des heutigen Iran/Irak) und seinen Truppen zerstört. Die Bevölkerung Jerusalems wurde (wie schon einige Jahre vorher die Landbevölkerung Judas) nach Babylonien verschleppt.

Eine Besonderheit der Samuel-, Könige- und Chronik-

---

[147] Zu den Datierungen der Könige Saul, David und Salomo vgl. Kitchen, Das Alte Testament, S. 110.

bücher besteht darin, dass sie eine Fülle von Zahlenangaben präsentieren, denen entsprechendes Zahlenmaterial in ägyptischen, assyrischen und babylonischen Quellen korrespondiert. Das heißt, zu den biblischen Angaben liegt eine Fülle von Vergleichsmaterial aus Quellen von Israels Nachbarvölkern vor. Die historische Zuverlässigkeit der biblischen Informationen kann im gegenseitigen Abgleich dieser Quellen gut überprüft werden.

Für die Zeit von Saul, David und Salomo (1042-930 v.Chr.) existieren *außerhalb der Bibel* noch vergleichsweise wenige Spuren in Form von schriftlichen Urkunden (z.B. Stein-Inschriften) oder anderen archäologischen Fundstücken.[148] Ganz anders sieht das für die Zeit *nach* Saul, David und Salomo aus: Hier gibt es eine Fülle interessanten Materials, das die Berichte der Bibel illustriert und bestätigt.

Wie kommt dieser auffallende Gegensatz zustande?

Die Antwort erschließt sich, wenn man einen Blick auf die außenpolitische Großwetterlage in der Regierungszeit der drei ersten Könige Israels wirft: Sie war insgesamt durch Ruhe und Frieden gekennzeichnet, wie sie in späteren Jahrhunderten bis zum Exil Israels nicht mehr vorkam. Zwar hatten Saul und David erhebliche Probleme mit direkten Nachbarn wie den Philistern, den Syrern, den Amalekitern und Ammonitern. Die existierenden Großmächte ihrer Zeit aber – Ägypten und Assyrien – hatten so viel eigene innenpolitische Probleme, dass sie wenig geneigt waren, ihr Staatsgebiet auf militärischem Weg auszuweiten. Das heißt aber: Das

---

[148] Ebd., S. 116.

Königreich Israel spielte politisch bei den genannten Großmächten keine Rolle. Es kam nur »unter ferner liefen« in den Blick. Das wiederum bedeutet aber, dass Israel in den Urkunden Ägyptens und Assyriens nicht auftaucht.

Zwar erreichte der assyrische König Assurnasirpal II. auf einem Feldzug immerhin das phönizische Tyrus, und sein Sohn Salmanasser III. das nördliche Syrien. Tiglat-Pileser I.[149] kam bis Sidon und Byblos. Aber in den assyrischen Urkunden jener Zeit erscheinen keine Namen der in Tyrus, Sidon, Byblos und Syrien herrschenden Regenten.[150] Kein Wunder, dass auch die ersten Könige Israels keine Erwähnung finden. Tatsächlich ist es so, dass zwischen 1200-1050 v.Chr. überhaupt keine politisch bedeutsamen Personen zwischen Jordan und Mittelmeer in den assyrischen Quellen genannt werden.[151] Noch nicht einmal der ägyptische König, der ein Krokodil als Geschenk an den assyrischen Hof sandte, taucht namentlich in den assyrischen Quellen auf.[152] Erst in der Mitte des 9. Jahrhunderts (also ca. 850 v.Chr.) ändert sich die Haltung der assyrischen Machthaber zu den Staaten in Kanaan. Nun kommt auch das Königreich Israel als Gegner in

---

[149] A.K. Grayson, Ancient Records of Assyria, Bd. 2 Wiesbaden 1972 und 1976 2, S. 23. 26f. (Im weiteren Verlauf: Grayson, Assyria). A.K.Grayson, Royal Inscriptions of Mesopotamia, Assyrian Periods: 2: Assyrian Rulers of the Early First Millenium BC, I (1114-859 BC) 1991, S. 42, 103f. (Im weiteren Verlauf: Grayson, Mesopotamia).

[150] Grayson, Assyria, S. 74-113. Grayson, Mesopotamia, S. 131-188.

[151] Grayson, Assyria, S. 74-113.

[152] Kitchen, Das Alte Testament, S. 117.

den Blick und wird dann auch prompt urkundlich erwähnt.[153]

Nicht anders verhält es sich mit Ägypten, der zweiten politischen Großmacht im Mittelmeerraum. Um das Jahr 1175 v.Chr. waren die Eroberungsfeldzüge unter Ramses III. beendet. Danach kehrte eine Zeit der Ruhe ein. Zwar gab es unter Schoschenk I. noch einen kleineren Feldzug nach Kanaan. Aber in den Berichten des Pharao über diese militärische Unternehmung werden die Namen der Gegner nicht genannt. Nur eine Reihe eingenommener Siedlungen findet Erwähnung.[154]

Nun könnte man allerdings erwarten, dass zumindest in Jerusalem eine Fülle von Hinweisen (zum Beispiel Stein-Inschriften) auf die Herrschaft Davids und Salomos zu finden sein müssten. Schließlich wurden solche Urkunden vor allem im Umkreis des Königspalastes und des Tempels aufbewahrt. Dagegen steht aber die Tatsache, dass Jerusalem spätestens seit dem Beginn der Herrschaft Salomos baulich durch Abriss- und Aufbauarbeiten massiv verändert wurde. Später (im Jahr 587 v.Chr.) wurde die Stadt von den Babyloniern vollkommen zerstört. In der Römerzeit wurde dann der herodianische Tempel errichtet, was wiederum die Vernichtung von Spuren der Vergangenheit zur Folge hatte. Auch die erneute Zerstörung Jerusalems um 70 n.Chr. und der Bau des römischen Jupitertempels auf dem Tempelberg sowie Zerstörungen und Neubauten in Jerusalem durch Muslime und Kreuzritter hatten negative Konsequenzen für möglicherweise erhaltene Zeug-

---

[153] Ebd., S. 116.
[154] Ebd., S. 118.

nisse der Vergangenheit. Dazu kommt, dass es bis heute aufgrund der angespannten Lage zwischen Palästinensern und Israelis sehr schwierig ist, in Jerusalem und insbesondere im Areal des früheren Tempels archäologische Ausgrabungen durchzuführen. Möglicherweise erhaltene Fundstücke aus der Zeit Davids und Salomos warten noch auf ihre Entdeckung.[155]

Interessant ist in diesem Zusammenhang auch die Stadt Damaskus in Syrien, deren Schicksal dem von Jerusalem – was Zerstörung und Wiederaufbau angeht – durchaus ähnlich ist: Auch hier wurden bisher kaum Spuren aus der Zeit zwischen 1200-800 v.Chr. gefunden. Hinweise auf den aus der Bibel gut bekannten König Hasael von Damaskus zum Beispiel finden sich nur sehr bruchstückhaft an anderen Orten, und zwar *außerhalb* Syriens. Ähnliches gilt für die ammonitischen und edomitischen Königreiche dieser Epoche. Aus den Städten Tyrus und Sidon existieren Urkunden überhaupt erst ab dem sechsten Jahrhundert v.Chr., nicht jedoch aus den Jahrhunderten vorher. Es ist darum kein Wunder, dass für die drei ersten Könige Israels bis heute nur vergleichsweise wenige Spuren in Form von schriftlichen Urkunden (z.B. Stein-Inschriften) oder anderen archäologischen Fundstücken vorhanden sind.[156]

---

[155] Stern, Encyclopedia, Bd. 2, S. 698-804. H. Geva (Hrsg.), Ancient Jerusalem Revealed, Jerusalem 1994. In Bezug auf die Stadt Samaria: The New Encyclopedia of Archaeological Excavations in the Holy Land, Jerusalem und New York 1993, Bd. 4, S. 1300-1310.

[156] Kitchen, Das Alte Testament, S. 120.

2.2. Saul

Das Königtum Sauls (1042-1010 v.Chr.) entstand aus einer akuten Bedrohungssituation und aus der Erfahrung einer schwerwiegenden Niederlage heraus: Das erste Buch Samuel (1Sam 4-6) berichtet von einer großen militärischen Auseinandersetzung nahe der Stadt Aphek zwischen dem Zwölf-Stämme-Volk Israel und den Philistern. Im Zuge dieser Auseinandersetzung wurde Israel geschlagen. Noch schwerer als diese Niederlage aber wog die Tatsache, dass die Bundeslade im Laufe des Kampfes in die Hände der Philister fiel (1Sam 5,1) und dazu das Heiligtum in Silo (wo die Bundeslade untergebracht war) zerstört wurde (Jer 7,12-15; Ps 78,60). Aus dieser Erfahrung heraus forderte das Volk Israel einen König »nach der Weise aller Heidenvölker« (1Sam 8,5), um – so die Überlegung – dem militärischen Druck der Philister besser begegnen zu können. So wurde Saul im Auftrag Gottes vom Propheten Samuel zum ersten König Israels berufen (1Sam 10,1). Saul hat während seiner gesamten Regierungszeit (1042-1010 v.Chr.) bis zu seinem dramatischen Ende (1Sam 31) mit den Ammonitern (1Sam 11,1-15), den Amalekitern (1Sam 15), vor allem aber mit den Philistern (1Sam 13-14; 19; 23-24; 28-29) gekämpft. Er war ein Mann überragender Gaben und Fähigkeiten, der allerdings dem Bund Gottes mehrfach untreu wurde und so selbst das Ende seines Königtums herbeiführte.

Wahrscheinlich war sein Vater Kisch ein Großgrundbesitzer, und Saul hatte bis zu seiner Berufung als König von Israel seine Tage mit ausdauernder, harter Arbeit auf dem Land zugebracht. Gemeinsam mit seiner Familie bewohnte er eine kleine »Festung« in Gibea.

Archäologische Ausgrabungen haben diese Festung Sauls und das dazugehörige Dorf im Hügel Tell el-Ful fünf Kilometer nördlich von Jerusalem ausgegraben und freigelegt: Die Festung Sauls hatte einen rechteckigen Grundriss, besaß vier kleine Ecktürme und war alles in allem 51 Meter lang und 47 Meter breit.[157]

Der Prophet Samuel reagierte auf die Forderung des Volkes Israel nach einem König (1Sam 8,4-5) sehr zurückhaltend. Ausdrücklich warnte er das Volk vor den Folgen einer Monarchie. In einer Rede (1Sam 8,10-18) zählte er die Rechte auf, die ein zukünftiger König haben würde. Die bibelkritische Forschung hat diese Rede lange Zeit als reine Fiktion betrachtet. Man hielt Samuels Anrede an das Volk für eine Rückprojektion der Erfahrungen Israels aus der späteren Königszeit. Ein Vergleich der Kritikpunkte in Samuels Rede mit der Lebenswirklichkeit damals existierender Königreiche zeigt aber, dass Samuels Ansprache alles andere als fiktiv ist. Tatsächlich passt sie sehr genau in die Zeit Sauls.

Samuel warnte davor, dass ein König das Recht haben würde, zwangsweise Soldaten zu rekrutieren, um sie als Streitwagenfahrer oder Offiziere in seiner Armee einzusetzen (1Sam 8,12). Eben solche Zwangsrekrutie-rungen sind aus Ugarit bekannt, wo männliche Be-

---

[157] Ebd., S. 128. Eine bildliche Darstellung der Festung Sauls findet sich in B. Reicke, L. Rost (Hrsg.), Biblisch-Historisches Handwör-terbuch Bd. 1, Göttingen 1962, S. 567 sowie in: H. Burkhardt, F. Grünzweig, G. Maier (Hrsg.), Das Große Bibellexikon Bd. 1, Wuppertal, Gießen 1987-1989, S. 463.

wohner der Städte und Dörfer als Bogenschützen und Streitwagenführer einberufen werden konnten.[158] Auch für die Heranziehung zu Hand- und Spanndiensten (1Sam 8,12.16.17) finden sich in Ugarit Parallelen: Die Bewohner des Landes wurden gezwungen, Arbeiten für den König und seinen Besitz zu verrichten.[159] 1. Samuel 8,12c warnt vor der Verpflichtung, Waffen, Streitwagen und andere Ausrüstungsgegenstände für die königliche Armee herstellen zu müssen. Eben diese Verpflichtung existierte auch in Ugarit, wo bronzene Gefäße und Lanzen für die Armee des Königs von Ugarit geliefert werden mussten.[160] 1. Samuel 8,13 spricht von dem Recht eines Königs, junge Frauen aus dem Volk als Parfümeure, Köchinnen und Bäckerinnen des Königs- hofes einzusetzen. Wiederum sprechen die Palastbe- richte aus Ugarit von Bäckern, Wäschern, Ölverarbei- tern und Parfümeuren, die für den König tätig sein mussten.[161] Ähnliche Verhältnisse werden aus dem Königreich Mari überliefert. 1. Samuel 8,14 weist darauf hin, dass ein König das Recht haben würde,

[158] I. Mendelssohns, in: Bulletin of the American Schools of Oriental Research 143 (1956), S. 18f. A.F. Rainey, The Social Stratification at Ugarit, Ann Arbor and High Wycombe 1962, S. 130-146. Journal of Near Eastern Studies 24, Chicago 1965, S. 17-27. M. Heltzer, The Rural Community in Ancient Ugarit, Wiesbaden 1976, S. 18-23.

[159] I. Mendelssohns, in: Bulletin of the American Schools of Oriental Research 143 (1956), S. 21. M. Heltzer, The Rural Community in Ancient Ugarit, Wiesbaden 1976, S. 24-30.

[160] M. Heltzer, The Rural Community in Ancient Ugarit, Wiesbaden 1976, S.44-60.

[161] A.F. Rainey, The Social Stratification at Ugarit (Ann Arbor and High Wycombe 1962, S. 170. J. Bottéro, Archives Royales de Mari, Transcriptions et Traductions VII: Textes économiques et administratifs, Paris 1957, S. 241.

Land, Weinberge und Olivenhaine zu beschlagnahmen. Genau dieses Recht hatten zu Sauls Zeiten alle Herrscher in Kanaan.[162] 1. Samuel 8,15.17a warnt vor der Möglichkeit einer Zehntenabgabe, die ein König einfordern könne. Tatsächlich war diese Abgabe in Ugarit ganz selbstverständlich.[163] 1. Samuel 8,16 mahnt schließlich, dass das Königtum auch dazu führen werde, dass Sklaven und Bürger zu verschiedensten Diensten zwangsverpflichtet werden könnten. Genau dies war auch in Ugarit der Fall.

Wenn man bedenkt, dass all diese Rechte in Mari, Alalah und Ugarit im Jahr 1175, also nur rund 130 Jahre vor Saul durchweg an der Tagesordnung waren, wird deutlich, dass Samuels Rede die königlichen Rechte der Zeit Sauls bis in die Details hinein widerspiegelt und darum eben gerade *keine* Rückprojektion aus späterer Zeit sein kann.[164] Die biblischen Berichte erweisen ihre Zuverlässigkeit gerade dann, wenn man sie in den Kontext des damals gängigen Rechts der Könige stellt.

Ein besonderes Licht auf die Zeit Sauls wirft auch seine Auseinandersetzung mit dem Philisterkämpfer Goliath (1Sam 17). Gerade dieser Bericht aus dem 1. Buch Samuel wurde oft ins Reich der Legende verwiesen. Umso überraschender war dann der Nach-

---

[162] I. Mendelssohns, in: Bulletin of the American Schools of Oriental Research 143, 1956, S. 19f. A.F. Rainey, The Social Stratification at Ugarit, Ann Arbor and High Wycombe 1962, S. 26-28. 30-36. M. Heltzer, The Rural Community in Ancient Ugarit, Wiesbaden 1976, S. 48-51. 65-71. 90. 103.

[163] I. Mendelssohns, in: Bulletin of the American Schools of Oriental Research 143, 1956, S. 20f. M. Heltzer, The Rural Community in Ancient Ugarit, Wiesbaden 1976, S. 35-44.

[164] Kitchen, Das Alte Testament, S. 126.

weis der Archäologie, dass Goliath aus Gath eine reale Person der Geschichte gewesen sein könnte, die wirklich gelebt hat und von der die Bibel mit interessanten Details berichtet.

Bei archäologischen Ausgrabungen am Tell-es-Safi im Sommer des Jahres 2005 legte Professor Aren Maeir von der Bar-Ilan-Universität in Israel mit seinen Mitarbeitern die Ruinen der antiken Stadt Gath frei. Bei den Ausgrabungen fielen den Archäologen zahllose Tonscherben in die Hände. Einige von ihnen waren mehr als dreitausend Jahre alt. Eine dieser Tonscherben erregte großes Aufsehen, obwohl sie klein und eher unscheinbar aussah. Nachdem sie vom Staub der Jahrtausende gereinigt worden war, wurde sie in einer internationalen Pressekonferenz der Öffentlichkeit vorgestellt. Wenig später beschäftigte sich das Zweite Deutsche Fernsehen in einer Ausgabe der Sendereihe Terra X[165] mit ihr. Denn auf dieser Scherbe fand sich ein Wort, das Erinnerungen weckte: Mit ungelenker Hand war dort der Name »Goliath« eingeritzt.

Die Bibel hatte schon immer den Kämpfer Goliath mit der Stadt Gath in Verbindung gebracht. Jetzt zeigte sich, dass diese Verbindung durchaus zutreffend gewesen war. Die Tonscherbe aus dem Tell-es-Safi bewies, dass es in Gath eine Familie gegeben haben musste, die den Namen Goliath trug und die diesen Namen auf ihre Tontöpfe einritzen ließ, um den Besitzer zu bezeichnen. Der Bericht der Bibel über die Auseinandersetzung des

---

[165] Terra X: Der Riese Goliath – Auf den Spuren der Seevölker. Eine Dokumentation von Friedrich Klütsch. Fernsehsender ARTE, Samstag, 15. September 2007 um 20.45 Uhr.

Volkes Israel mit dem Riesen Goliath ist also gerade *keine* fromme Legende, sondern eine Schilderung realer historischer Ereignisse.

2.3. David

David hat 40 Jahre von 1010-970 v.Chr.[166] als König regiert, zunächst sieben Jahre in Hebron über den Stamm Juda, danach als König über ganz Israel (2Sam 5,1-5). Er eroberte die Jebusiterstadt Jerusalem (2Sam 5,6-9) und machte sie zur Hauptstadt des Landes. Ein Palast (2Sam 5,9-11) repräsentierte die Bedeutung des neuen Königs in der »Stadt Davids«.

Davids Herrschaft war in besonderer Weise durch militärische Aktionen geprägt. Die Philister in der Küstenebene Kanaans erkannten sofort die Gefahr, die von dem neu gefestigten Königreich Israel unter David ausging, und griffen ihn daraufhin (von Westen her) an. In vier großen militärischen Auseinandersetzungen gelang es David, diese Angriffe abzuwehren (2Sam 21,15-22). Auch im Osten (Ostjordanland) war er gegen die Moabiter (2Sam 8,2.11-12) und Edomiter (2Sam 8,13-14; 1Kö 11,14-22) militärisch erfolgreich. Schwieriger war der Umgang mit der Bedrohung, die vom Norden ausging: Hadad-Eser, König von Zoba, übte nicht nur die Vorherrschaft über Syrien (Aram) aus (2Sam 8,5). Seine Macht reichte auch weit nach Osten bis zum Euphrat (2Sam 10,16). Er war also ein gefährlicher Gegner. David griff Hadad-Eser an, als der auf

---

[166] Zu den Datierungen der Könige Saul, David und Salomo vgl. Kitchen, Das Alte Testament, S. 110.

dem Weg nach Osten (an den Euphrat) war, und fügte ihm schwere Verluste zu (2Sam 8,3-4). Als die syrischen Vasallen Hadad-Esers daraufhin David attackierten, besetzte David ihr Land (Garnisonen) und machte sie tributpflichtig (2Sam 8,5-6). Nach dem Ende von Auseinandersetzungen mit den Ammonitern (2Sam 10; 11,1; 12,26-31; 17,27-28) war der Frieden für das Land Israel so zunächst gesichert. David hatte aber immer wieder mit innenpolitischen Problemen zu kämpfen: Ein Staatsstreich, den sein Sohn Absalom gegen ihn anzettelte, brachte Davids Leben direkt in Gefahr und konnte nur mühsam überwunden werden (2Sam 15,1-19,16).

Die Bibel informiert ausführlich über David und die Ereignisse während seiner Regentschaft. Wie aber steht es mit Zeugnissen außerhalb der Bibel? Gibt es andere Spuren von David, zum Beispiel in *den* Ländern, mit denen er militärische Konflikte hatte?

Es gibt sie: In den Jahren 1993-1995 wurde die Inschrift der aramäischen Tel-Dan-Stele[167] veröffentlicht. Sie wurde ums Jahr 850 v.Chr. geschrieben.[168] Konkret geht es in der Inschrift der Stele um die Tötung von »(...)ram, Sohn des (...) König von Israel« und um die Tötung von »(...)ja, Sohn des (...)« verwandt mit »dem Haus Davids«. (An den in Klammern gesetzten Stellen ist der Text der Stele beschädigt und unleserlich). Insbesondere um die Worte »Haus Davids« (Byt-Dwd) hat es innerhalb der Forschung intensive Diskussionen gegeben, weil dies der erste außerbibli-

---

[167] K. A. Kitchen, in: Journal for the Study of The Old Testament 76, 1979, S. 42-44.

[168] Kitchen, Das Alte Testament, S. 120.

sche Beleg für die Existenz des biblischen Königs David wäre.[169] K. A. Kitchen weist aber zu Recht darauf hin, dass die Wendung Byt Dwd eine Formulierung ist, die im 9./8. Jahrhundert v.Chr. verbreitet war. Im Alten Orient war es in dieser Zeit üblich, ein Königreich nach seinem Begründer zu nennen, auch wenn dieser verstorben war und längst seine Söhne, Enkel oder Urenkel die Dynastie weiterführten. In den assyrischen Herrscherhäusern benannte man ein Land häufig »nach dem berühmten Gründer der entsprechenden Dynastie«.[170] Genauso verfährt nun die aramäische Tel-Dan-Stele: Sie bezeichnet David als Gründer der davidischen Dynastie. Die Wendung Byt Dwd bezieht sich also sehr wahrscheinlich auf David als Gründer einer Herrschaftsdynastie.[171] Dazu würden auch die zwei auf der Stele unvollständig erhaltenen Namen passen, bei denen es sich sehr wahrscheinlich um die Könige Joram und Ahasja handelt, die in der Zeit um 849 und 841 v.Chr. Israel regierten.[172]

Die Verwendung des Begriffs »Haus Davids« ist auffällig und bestätigt damit direkt die biblische Information, dass es in Israel einen König David gab, der

---

[169] A. Lemaire in: Journal for the Study of The Old Testament 81, 1998, S. 11-14. J. A. Emerton in: Vetus Testamentum 50, Leiden 2000, S. 27-37. A. R. Millard in: W.W. Hallo, K.L. Younger (Hrsg.), The Context of Scripture, II, S. 161f. G. Galil, Palestine Exploration Quarterley, 69, 1938 133, 2001, S. 16-21. W. M. Schniedewind und B. Zuckermann in: Israel Exploration Journal 51, 2001, S. 88-91.

[170] Kitchen, Das Alte Testament, S. 120.

[171] Ebd., S. 121.

[172] Ebd., S. 40.

eine Dynastie begründete.[173] Wie weit dessen Herrschaftsbereich reichte, lässt der Text der Stele offen.

Darüber hinaus nennt die Stele noch weitere Personen, die im 9. Jahrhundert v.Chr. politisch von Bedeutung waren: Joram und Ahasja. Diese Namen sind für die Bibel keine Unbekannten: Joram war ein Sohn Ahabs und König über Israel in Samaria. Er wurde 841 v.Chr. von Jehu ermordet (2Kö 9,14-29). Ahasja lebte zur selben Zeit wie Joram und war König von Juda (gehörte also zur davidischen Dynastie). Auch er kam durch einen Anschlag Jehus ums Leben (2Kö 9,14-29). Die aramäische Stele bestätigt auch diese biblischen Informationen.

Interessant ist auch die moabitische Mescha-Stele, die ebenfalls um 850 v.Chr. entstanden ist: Auch sie erwähnt das »Haus Davids«[174] und beklagt, dass es den südlichen Teil Moabs besetzt halte.[175] Erwähnenswert ist auch eine Tempelinschrift des ägyptischen Königs Schoschenk I.[176], die von den »Höhen Davids« spricht und sie im südlichen Juda lokalisiert.[177]

---

[173] Ebd., S. 120f.

[174] Eine genaue bildliche Darstellung der Worte „Das Haus Davids" auf der Mescha-Stele und der Tel-Dan-Stele ist in Kitchen, Das Alte Testament, S. 663, Tafel XIII einsehbar.

[175] A. Lemaire, Biblical Archaeological Review, 20, 3, Washington 1994, S. 30-37. Ders. In : Studi Epigraphie Linguitice, sul Vicino Oriento Antico 11, 1994, S. 17-19. Kitchen, Das Alte Testament, S. 121.

[176] Eine genaue bildliche Darstellung der Liste Schoschenks „Die Höhen Davids" ist in Kitchen, Das Alte Testament, S. 663, Tafel XIII einsehbar.

[177] Kenneth A. Kitchen in: Journal for the Study of The Old Testament 76, 1997, S. 29-44. H. Shanks, Biblical Archaeological Review 24, 1, Washington 1998, S. 34f. Kitchen, Das Alte

Es gibt also eine ganze Reihe außerbiblischer Hinweise, dass es in Israel einen König namens David gab, der eine Dynastie begründete und über erhebliche Macht verfügte. Sie zeigen, dass die Informationen der Bibel über David verlässliche Informationen sind.

2.4. Salomo

Salomo hat (wie sein Vater David) vierzig Jahre als König Israels regiert (970-930 v.Chr.). Über die prägenden Ereignisse seiner Regierungszeit berichten 1. Könige 1-11 und 2. Chronik 1-9.

Salomo wurde noch zu Davids Lebzeiten zum König berufen. Hintergrund waren Auseinandersetzungen bezüglich der Thronfolge. Während Joab, der Oberbefehlshaber der israelitischen Armee und der Priester Abjatar Davids Sohn Adonija für die Thronfolge favorisierten (1Kö 1,5-10), hatte David sich für den jüngeren Salomo entschieden und wurde darin von den Propheten Nathan und Benaja sowie dem Priester Zadok unterstützt (1Kö 1,28-53). Als Adonija sich in Jerusalem öffentlich zum König ausrufen ließ, ließ David umgehend Salomo als seinen Thronfolger proklamieren. Adonija gab daraufhin seine Pläne zunächst auf, kam aber später bei einem erneuten Versuch, Salomo den Thron streitig zu machen, ums Leben (1Kö 2,13-25).

Salomos Außenpolitik unterschied sich von der Davids insofern, als er zur Sicherung des Königreiches Israel vor allem diplomatische Mittel (Bündnisse) und auch eine Zweck-Heirat benutzte. So hielt Salomo das

Testament, S. 122.

von David geschlossene Bündnis mit König Hiram von Tyrus aufrecht. Tatsächlich spielte Hiram bei der Errichtung des Tempels als Lieferant von Bauholz (1Kö 5) und bei der Herstellung der Bronzegeräte für den Tempel (1Kö 7) sowie als Vermittler von technischem Know-how in der Metallverarbeitung eine wichtige Rolle. Wirtschafts- und Handelsabkommen zum gegenseitigen Nutzen rundeten das Bündnis mit Hiram von Tyrus ab (1Kö 9,10-14.26-28;1Kö 10,11-12.22; 2Chr 8,1-2).

Die Berichte der Königs- und Chronikbücher über die politisch-wirtschaftliche Kooperation zwischen Hiram von Tyrus und Salomo spiegeln die Verhältnisse jener Zeit treffend wider: So war es zum Beispiel üblich, dass Könige aus benachbarten Staaten einem neuen Regenten zur Thronbesteigung gratulierten (1Kö 5,15). Eine solche Gratulation findet sich zum Beispiel in einem Gruß, den Suppiluliumas I. an einen Pharao in Ägypten zu dessen Thronbesteigung sandte.[178] Auch die Bestellung von Baumaterial zur Errichtung bzw. Dekoration von Tempeln und Palästen war zwischen Königen benachbarter Länder durchaus üblich. Sie wurden entweder mit Geld (1Kö 5,20.23ff) oder in Form von Geschenken bezahlt.[179] Salomo zahlte an Hiram von Tyrus für Baumaterial und speziell ausgebildete Handwerker jährlich 20.000 Kor Weizen. Diese Zahlung war

---

[178] W.L. Moran, The Amarna Letters, Baltimore / London, 1992, S. 114f.

[179] Ebd., S. 9. 11. 18. 19. 39. 44.

nicht »übertrieben hoch«[180], wie von bibelkritischer Seite vermutet wurde, sondern entsprach den damals üblichen Preisen[181] deren Zahlung für Salomo kein besonderes Problem gewesen sein dürfte. Auch die Anforderung von Spezialisten (1Kö 7,13-47; 2Chr 2,12-14) ist gut belegt: So wurden zum Beispiel vom hethitischen König Ärzte vom Hof Ramses II. angefordert.[182]

1. Könige 10,28-29 berichtet, dass Salomo in großem Stil Pferde und Streitwagen aus Ägypten eingeführt habe, teilweise um sie an andere Länder (Aram, Hethiter) weiterzuverkaufen. Auch Preise werden genannt: So zahlte man für ein Pferd 150 Silberstücke, für einen Streitwagen 600. Bei diesen Angaben handelt es sich nicht – wie irrtümlich angenommen – um Propaganda der Bibel.[183] Es trifft *nicht* zu, dass es in Ägypten überhaupt keine Pferdezucht gab.[184] Zu Salomos Zeiten wurden tatsächlich in Ägypten Pferde gezüchtet. In Pi-Ramses (östliches Nildelta) gab es ausgedehnte Stallungen und ein Pferdegestüt.[185] Ein Bericht erwähnt

---

[180] M. Heltzer, The Rural Community in Ancient Ugarit, Wiesbaden 1976, S. 36-40.

[181] Kitchen, Das Alte Testament, S. 149.

[182] K. A. Kitchen, Pharaoh Triumphant: Life and Times of Ramesses II, Warminster, 1982, S. 91f. 251. E. Edel, Ägyptische Ärzte und ägyptische Medizin am hethitischen Königshof, Opladen 1976.

[183] So zum Beispiel S. Ash, David, Solomon and Egypt: A Reassessmant, Sheffield 1999, S. 26, 34. U. Schipper, Israel und Ägypten in der Königszeit, Freiburg und Göttingen, 1999, S. 26f. 296, Abb.3).

[184] Kitchen, Das Alte Testament, S. 152.

[185] E. B. Busch, Egyptian Archaeology 14, 1999, S. 13. E. B. Busch in: E. Bleiberg, R. Freed (hrsg.), Fragment of a Shattered Visage, Memphis 1991, S. 202f. S. Ahituv, E. D. Oren (Hrsg.), The Origin of Early Israel – Current Debate, Beer-Sheva XII, 1998, S. 73.

sogar »Pferdepfleger, ganze Herden von Pferden, Stall-burschen und Wagenlenker«.[186] Ramses II. lieferte erwiesenermaßen Pferde für Streitwagen ins hethitische Reich und nach Babylon.[187] Vom 16. bis ins 7. Jahr-hundert v.Chr. war das Niltal in der Tat ein Aufzucht-gebiet für Pferde.[188] Sogar ein Pferdeskelett wurde nahe der ägyptischen Festung Buhen (Wadi Halfa) entdeckt.[189] Auch der in 1. Könige 10,28-29 genannte Preis stimmt exakt: Im 18. Jahrhundert v.Chr. kostete ein Pferd aus Ägypten im Export 200 Silberstücke, im 13. Jahrhundert 200 Silberstücke, und schließlich zu Salomos Zeiten 150 Silberstücke.[190]

Bei den Streitwagen, die Salomo zum Preis von 600 Silberstücken aus Ägypten kaufte, um sie dann an Aramäer und Hethiter weiterzuveräußern, handelte es sich um Luxuskarossen für Könige, nicht um die leichte-ren Streitwagen aus Holz und Leder.[191]

Auch mit dem ägyptischen Pharao Siamun[192] (s.u.) schloss Salomo ein Bündnis, indem er dessen Tochter

---

[186] E. B. Busch, Egyptian Archaeology 14, 1999, S. 13. E. B. Busch in: E. Bleiberg, R.. Freed (hrsg.), Fragment of a Shattered Visage, Memphis 1991, S. 202f. S. Ahituv, E. D. Oren (Hrsg.), The Origin of Early Israel – Current Debate, Beer-Sheva XII, 1998, S. 73.

[187] Kitchen, Das Alte Testament, S. 152.

[188] Y. Ikeda in: T. Ishida (Hrsg.), Studies in the Period of David and Solomon and Other Essays, Winona Lake, Ind. 1982, S. 227-231. W. B. Emery, Ägypten in Nubien, London 1965, S. 107.

[189] W. B. Emery, Ägypten in Nubien, London 1965, S. 107.

[190] Pferdepreislisten finden sich in: Y. Ikeda in: T. Ishida (Hrsg.), Studies in the Period of David and Solomon and Other Essays, Winona Lake, Ind. 1982, S. 226.

[191] Ebd., S. 226. Kitchen, Das Alte Testament, S. 153, Anm. 91.

[192] Kitchen, Das Alte Testament, S. 141-142.

heiratete und ihr eine eigene Residenz in Jerusalem errichten ließ (1Kö 7,8; 9,24). Als Mitgift bekam die ägyptische Pharaonentochter die kanaanäische Stadt Gezer, die nach ihrer Einnahme durch Pharao Siamun anlässlich der Hochzeit an Tochter und Schwiegersohn weitergegeben wurde (1Kö 9,15-16).

Diese (geistlich gesehen nicht ganz unproblematische) Heirat zwischen Salomo und der ägyptischen Prinzessin (1Kö 9,16) ist von Seiten der Bibelkritik immer wieder in Frage gestellt worden.[193] Unter Hinweis auf eine Äußerung von Pharao Amenophis III. in den ägyptischen Amarnabriefen, dass die Töchter ägyptischer Könige niemals an Ausländer verheiratet würden, verwies man die biblischen Berichte von der Hochzeit Salomos mit einer ägyptischen Prinzessin ins Reich der Legende.[194] Nun stammt aber die erwähnte Bemerkung von Amenophis III. aus dem 14. Jahrhundert v.Chr. Salomo aber lebte im 10. Jahrhundert v.Chr., also rund 400 Jahre später. In diesen 400 Jahren – so lässt sich nachweisen – haben sich die Sitten in den ägyptischen Königshäusern – zumindest was Eheschließungen mit Ausländern anging – tiefgreifend verändert: So verheiratete der ägyptische Pharao Psusennes II., der wie Salomo im 10. Jahrhundert v.Chr. lebte, seine Tochter Maat-ka-Re mit Osorkon, dem Sohn des libyschen Anführers Schoschenk (einem Ausländer[195]), der später

---

[193] W.L. Moran, The Amarna Letters, Baltimore / London, 1992, S. 262.

[194] Kitchen, Das Alte Testament, S. 145.

[195] Kenneth A. Kitchen, Third Int. Pd., 288 § 242. J.-M. Kruchten, Les annales des petres de Karnak (XXI-XXII. Dynasties … Louvain 1989, S. 49-50, Text 4b.

selbst Pharao wurde (Osorkon I.).[196] Darüber hinaus ist es zwischen der bürgerlichen Familie Schoschenk und den ägyptischen Pharaonen mehrfach zu Mischehen gekommen.[197] Nachweislich haben auch verschiedene Pharaonen der 22. Dynastie (im 10. Jahrhundert v.Chr.) ihre Töchter mit Bürgerlichen verheiratet. An diesen Fakten lässt sich ablesen, dass sich die Sitten und Gebräuche, was Eheschließungen von ägyptischen Prinzessinnen mit Bürgerlichen (bzw. Ausländern) anging, vom 14. bis zum 10. Jahrhundert v.Chr. in Ägypten grundlegend gewandelt haben müssen.[198] Die Berichte des 1. Königsbuches über die Eheschließung zwischen Salomo und der Tochter des ägyptischen Pharao Siamun wird von außerbiblischen Quellen also gerade *nicht* widerlegt, sondern bestätigt. Dazu passt, dass Salomo seiner ägyptischen Frau eine angemessene Wohnung errichten ließ (1Kö 7,8; 9,24). Genauso handhaben es ägyptische Pharaonen, wenn sie ihrerseits Frauen aus dem Ausland heirateten.[199]

Was die Mitgift der Pharaonentochter angeht, ist von Seiten der historisch-kritischen Forschung eingewandt

---

[196] Kitchen, Das Alte Testament, S. 146.

[197] J. Yoyokotte, Bulletin de la Société Francaise d'Egyptologie 77-78, Paris 1977, S. 39-54. Kenneth A. Kitchen,The Third Intermediate Period in Egypt (1100-650 B.C.), Warminster 1996, S. 534-535.

[198] Ebd., S. 594, 479, Tafel 12.

[199] Kenneth A. Kitchen, Ramesside Inscriptions Translated and Annotated II, Notes and Comments, Oxford 1996, S. 96. K.A. Kitchen, Ramesside Inscriptions, Translated and Annotated, Translations II, 1999, S. 149. E. Edel, Die agyptisch-hethitische Korrespondenz aus Boghaz-köi, Opladen 1994 2, S. 222.

worden, dass Gezer damals eine »rauchende Ruine«[200] gewesen sei und darum als Hochzeitsgeschenk denkbar ungeeignet. Diese Argumentation ist zumindest vorschnell und kann aus mehreren Gründen nicht überzeugen: Die Bibel berichtet, dass Gezer eingenommen, seine kanaanäische Bevölkerung getötet und die Stadt in Brand gesetzt worden sei (1Kö 9,16). Die Bibel berichtet aber *nicht*, ob die Stadt vollständig oder nur teilweise den Flammen zum Opfer fiel. Als Gezer in Salomos Besitz kam, bestand sie aus einer (möglicherweise nur zum Teil) verbrannten Festungsanlage, die ohne Schwierigkeiten auf- und ausgebaut werden konnte, was dann ja auch tatsächlich geschah[201] (1Kö 9,15-17). Dabei gilt es im Auge zu behalten, dass Gezer eine strategisch äußerst wichtige Stadt war, weil sie eine Straßenverbindung zur Hauptstadt Jerusalem schützte.[202] Darüber hinaus gehörten zu dieser Stadt beträchtliche Ländereien, auf denen Ackerbau und Viehwirtschaft betrieben werden konnten. Es handelte sich also um einen Stadtstaat, der für Salomo einen hohen Wert gehabt haben dürfte.[203] Der weitergehende Einwand der Bibelkritik, dass Hochzeitsgeschenke in dieser Größenordnung bei den ägyptischen Pharaonen unüblich gewesen seien[204], kann einer Überprüfung ebenfalls nicht standhalten, da bereits im Jahr 1350 v.Chr. Mitgif-

---

[200] Zitat bei: Kitchen, Das Alte Testament, S. 147.

[201] Ebd.

[202] Ebd.

[203] Ebd.

[204] Kenneth A. Kitchen in: D. O'Connor, E. H. Cline (Hrsg.), Amenhotep III, Perspectives on His Reign, Ann Arbor, 1998, S. 258f.

ten der Pharaonen von umgerechnet 285.000 € nachgewiesen sind.[205] Dazu kommt, dass es auch für den ägyptischen Pharao von Nutzen war, wenn eine strategisch wichtige Stadt wie Gezer in den Händen eines treuen Verbündeten (in diesem Falle seines Schwiegersohns) lag, da auf diese Weise der Weg von Handelskarawanen von Ägypten in den Norden gesichert wurde.

Ein herausragender Höhepunkt von Salomos Außenpolitik war der Besuch der Königin von Saba (1Kö 10; 2Chr 9,1-12). Sehr wahrscheinlich lag das Königreich Saba (im hebräischen Text des Alten Testaments wird das Königreich Saba »Scheba« genannt) im südwestlichen Arabien. Etliche der in Südarabien gefundenen Inschriften sind in einem sabäischen Dialekt verfasst und nennen Könige und Mukarribs von Saba.[206] Im 8. und 7. Jahrhundert v.Chr. wird das Königreich Scheba (= Saba) in assyrischen Quellen erwähnt und im südwestlichen Arabien lokalisiert.[207] Es spricht also alles dafür, dass sich das Königreich Saba im südwestlichen Arabien befand. Dass Saba von einer Königin regiert wurde oder dass sie als Ehefrau des Königs wichtige diplomatische Funktionen in der Politik übernahm, erstaunt zunächst, da die Könige in Salomos Zeit und Umwelt durchweg männlichen Geschlechts waren. Anhand assyrischer Texte lässt sich aber zeigen, dass es vom 9.-7. Jahrhundert v.Chr. in Arabien regierende

---

[205] Kitchen, Das Alte Testament, S. 147.

[206] K. A. Kitchen, Documentation for Ancient Arabia, II, Bibliographical Catalogue of Texts, Liverpool, 2000. Ders., Documentation for Ancient Arabia, I, Bibliographical Catalogue of Texts, Liverpool, 1994.

[207] I. Eph'al, The Ancient Arabs, Jerusalem, 1982.

Königinnen gab.[208] Texte aus Nordarabien belegen, dass Frauen von Regenten durchaus Aufgaben in Diplomatie und Politik übernehmen konnten.[209]

Um Salomo (wegen dessen besonderer Weisheit) zu besuchen, musste die Königin von Saba etwa 2250 Kilometer aus dem südwestlichen Arabien bis nach Jerusalem zurücklegen, meistens durch Wüste. Einige Ausleger halten diese Strecke für zu weit und stellen darum den Besuch der sabäischen Königin bei Salomo insgesamt in Frage.[210] Es ist zur Lösung dieser Frage hilfreich, sich die Reiserouten anderer Könige im Altertum vor Augen zu führen: Pharaonen wie zum Beispiel Thutmosis I., III., Amenophis III. (15./14. Jahrhundert v.Chr.) legten für einen Feldzug in Nubien und noch darüber hinaus 2250 Kilometer zurück. Zwei hethitische Prinzessinnen brachen im 13. Jahrhundert zu einer langen Reise auf, um Ramses II. von Ägypten zu heiraten. Von Hattusa, der Hauptstadt des hethitischen Reiches bis nach Memphis in Ägypten mussten sie 1600 Kilometer zurücklegen.[211] Prinz Taharqa von Nubien (Kusch) führte Ende des 8. Jahrhunderts v.Chr. eine Armee 2900 Kilometer weit, um Hiskia in Jerusalem zu

---

[208] A. de Maigret, G. Garbini und M. A. el-Iryani, The Sabaen Archaeological Compex in the Wadi Yala (Eastern Hawlan at- Tiyal, Yemen Arab Republic), Preliminary Report, Rom 1988, S. 30f. D.D. Luckenbill, Ancient Records of Assyria and Babylonia II, S. 130 § 259 (Yatt'e).

[209] Kitchen, Das Alte Testament, S. 155.

[210] Ebd., S. 159.

[211] K. A. Kitchen, Pharaoh Triumphant: Life and Times of Ramesses II, Warminster, 1982, S. 89-91, 251.

Hilfe zu eilen.[212] Nabonid, König von Babylon (6. Jahrhundert v.Chr.) reiste von Babylon nach Yathrib und legte dabei 1600 Kilometer zurück.[213] Der assyrische Herrscher Assurbanipal legte mit seinen Truppen sogar 4300 Kilometer von Ninive nach Theben zurück[214], und damit ist die Reiseliste antiker Könige noch keineswegs erschöpft.[215] Es zeigt sich, dass die Reise der Königin von Saba gut in die Gruppe »königlicher Fernreisender« der damaligen Zeit passt. Das heißt, Reisen dieser Größenordnung waren damals für Könige und ihre Diplomaten keineswegs ausgeschlossen.

In besonderer Weise hat sich Salomo während seiner Regentschaft verschiedenen, durchweg anspruchsvollen Bauvorhaben gewidmet: Über zwanzig Jahre vergingen, bevor der Tempel (1Kö 5-6; 7,13-51; 8), die Palastgebäude des Königs (1Kö 7,1-12) und die Stadtmauern Jerusalems (1Kö 11,27) fertiggestellt waren. Erst danach hat Salomo den Ausbau verschiedener Städte im Land (z. B. Hazor, Megiddo und Gezer) vorangetrieben (1Kö 9,15.17).

Auch die Verwaltung seines Landes hat Salomo neu geordnet (1Kö 4,1-19). So teilte er das Land in zwölf Distrikte auf und unterstellte die Distriktgouverneure

---

[212] K. A. Kitchen, in: D.D. Luckenbill, Ancient Records of Assyria and Babylonia, 1996, S. 157-158, 383-385, 553f., 557.

[213] C. J. Gadd, in: Anatolian Studies, Journal of the British Institute of Archaeology at Ankara 8, London 1958, S. 35-92 (bes. S. 80ff). Oppenheim, in: J.B. Pritchard (Hrsg.), Ancient near Eastern Texts Relating to the Old Testament, Princeton 1969, 3. Aufl., S. 562.

[214] J.B. Pritchard (Hrsg.), Ancient near Eastern Texts Relating to the Old Testament, Princeton 1969, S. 296f.

[215] Vgl. Kitchen, Das Alte Testament, S. 160.

einem Aufseher. Weiter gab es einen Obersten Heerführer, einen Oberaufseher des Palastes, einen Direktor für Zwangsarbeiter, einen Chef des Protokolls mit zwei Sekretären, einen Priester und einen speziellen Vertrauten des Königs. Der finanzielle Aufwand zur Bezahlung und Versorgung dieses königlichen Personals war nicht unerheblich und wird in 1. Könige 5,1-5 im Einzelnen aufgelistet. So benötigte Salomo für die Versorgung von Palastangestellten und Beamten täglich 30 plus 60 kor Mehl, was einer Menge von 19.800 Litern Mehl entspricht. Auf den eigentlichen Haushalt Salomos entfielen dabei 600 Liter Mehl pro Tag, auf seine Beamten 6000 Liter und für die Palastangestellten 13.200 Liter. Pro Monat summierte sich der Bedarf an Mehl *insgesamt* auf 594.000 Liter. Legt man den damals üblichen Ernteertrag für Getreide zugrunde, so benötigte Salomo etwa 1,7 Quadratkilometer Ackerfläche, um die monatlich notwendige Menge an Getreide bzw. Mehl zu produzieren. Aufs Jahr gerechnet wären etwa 13 Quadratkilometer Ackerfläche ausreichend gewesen.

Andere Königshäuser in benachbarten Ländern lagen in ihrem Verbrauch bei etwa derselben Höhe. In Ebla (3. Jahrtausend v.Chr.) lag der monatliche Verbrauch an Mehl im Königshof zwischen 80.000 und 110.000 Litern. Der Palast Sethos I. in Ägypten (13. Jahrhundert v.Chr.) benötigte 90.000 Liter, im Königreich Ugarit waren es 98.000 Liter monatlich. Die Zahlen, die für Versorgung von Salomos Hofstaat in 1. Könige 5,1-5 genannt werden, passen also zu den Mengen, die von anderen Königshäusern verbraucht wurden, und erweisen sich damit als verlässliche Angaben.[216] 1. Könige 9,14 und 1. Könige 10,10.14 berichten, dass pro Jahr 666 Talente Gold als Gesamteinnahmen des Staates in den Palast Salomos nach Jerusalem geschafft wurden. Dazu kamen einmal 120 Talente Gold von Hiram von Tyrus und noch einmal 154 Talente Gold von der Königin von Saba. Oft werden diese Zahlenangaben als reine Fantasiezahlen angesehen.

Es lohnt darum, einen Blick auf die Goldmengen zu werfen, die in anderen Ländern in die Hände der Könige gelangten. So lieferte Mettena II. von Tyrus um 730 v.Chr. einen Tribut von 150 Talenten Gold (= 6 Tonnen) an Tiglat-Pileser III. in Assyrien. Tiglat-Pilesers Nachfolger Sargon II. (727-705 v.Chr.) spendete 154 Talente Gold an die Götter Babylons. Pharao Thutmosis III. ließ dem ägyptischen Gott Amun 800 Jahre vorher mehr als 200 Talente Gold (= 13,5 Tonnen) zukommen. Dazu kam noch eine unbekannte Zahl von Goldgefäßen und kultischen Geräten. Pharao Osorkon I. übertraf diese Zahlen bei Weitem, als er im Laufe von nur vier Jahren 383 Tonnen Gold an verschiedene Tempel in Ägypten weitergab. Alexander der Große erbeutete nach seinem Sieg über das persische Reich in der Stadt Susa 1.180 Tonnen Gold, aus dem persischen Reich insgesamt 7000 Tonnen. Salomos Vermögen betrug am Ende seiner Regentschaft (also nach 40 Jahren) geschätzte 500 Tonnen Gold, im Vergleich ein relativ bescheidener Wert.

---

[216] K. A. Kitchen in: W.R.W. Wood (Hrsg.), New Bible Dictionary, 3. Aufl., Leicester and Downers Grove, III, 1996, S. 378. K.A. Kitchen, Ramesside Inscriptions, Translated and Annotated, Translations I, S. 174-176, 162-165.

Von biblischen Fantasiezahlen kann also keine Rede sein![217]

Die letzten Regierungsjahre Salomos waren von einem allmählichen Machtverlust gekennzeichnet. So verlor Salomo die Vorherrschaft über Damaskus/Syrien (1Kö 11,23-25), wahrscheinlich auch über Edom, das massiv von Ägypten unterstützt wurde (1Kö 11,14-22).

2.5. Die Königreiche Israel und Juda

Unter Salomos Nachfolger Rehabeam kam es im Jahr 930 v.Chr. zu einer Spaltung des Landes Israel in ein Nordreich Israel mit der Hauptstadt Samaria, das zehn Stämme umfasste, und ein Südreich Juda mit der Hauptstadt Jerusalem, zu dem die Stämme Juda und Benjamin gehörten. Die Teilung des Landes blieb bis zum Ende des Nordreiches (722 v.Chr.) und dem Ende des Südreiches (587 v.Chr.) bestehen.

Diese Phase der Geschichte Israels (ca. 350 Jahre) war eine sehr bewegte Zeit, weil Israel es nun vermehrt mit den Großmächten Ägypten, Assyrien und Babylonien zu tun bekam. Die Königs- und Chronikbücher nennen nun eine Fülle von Personen, die damals in Ägypten, Assyrien und Babylonien, aber auch in Syrien und Moab politisch eine bedeutende Rolle gespielt haben. Umgekehrt tauchen auch die Namen israelitischer Könige in ägyptischen und assyrisch/babylonischen Urkunden auf. Die folgenden Informationen

---

[217] K. A. Kitchen in: Biblical Archaeological Review 15, 3, Washington 1989, S. 20-34. K. A. Kitchen in: L. K. Handy (Hrsg.), The Age of Solomon, Scholarship at the Turn of the Millenium, Leiden 1997, S. 31-42. 147-150.

liefern einen Überblick: 1. Könige 11,40 und 14,25 berichten, dass der ägyptische Pharao Schischak I. (Schoschenk) im fünften Regierungsjahr Rehabeams von Juda eine militärische Operation gegen das Südreich Juda und die Hauptstadt Jerusalem durchführte. 2. Chronik 12,2-9 ergänzt diese kurze Notiz durch weitere Details und nennt unter anderem die Zahl der Streitwagen Schischaks (1200) und der Berittenen (60.000). Jerusalem wurde im Zuge von Schischaks Feldzug zwar nicht zerstört, musste aber einen hohen Preis für seine Unversehrtheit zahlen. Der gesamte Tempelschatz und der Besitz des Palastes gingen in Schischaks Besitz über. Juda wurde darüber hinaus zum Vasallen Ägyptens (2Chr 12,8). Schischak regierte von 945-924 v.Chr.[218] Sein Feldzug nach Israel wird in verschiedenen (ägyptischen) Darstellungen von Triumphszenen auf einer langen Liste[219] mit israelitischen Ortsnamen und auch auf verschiedenen Stelen (z. B. die Megiddo-Stele und die Silsile-Stele) eindeutig erwähnt. Auch eine Datierung dieser militärischen Unternehmung aus ägyptischen Quellen auf das Jahr 926/925 v.Chr. ist möglich und stimmt exakt mit den Angaben der Königs- und Chronikbücher (5. Regierungsjahr Rehabeams) überein.[220]

1. Könige 16,31 nennt den Namen von Isebel, Tochter des Et-Baal, König der Sidonier, die Ehefrau von

---

[218] K. A. Kitchen, The Third Intermediate Period in Egypt (1100-650 B.C.) Warminster 1996, S.287-361, 574-581 und XXII-XXXIX passim.

[219] Kitchen, Das Alte Testament, S. 44, Anm. 70.

[220] Ebd., S. 42.

König Ahab von Israel wurde und eine erbitterte Gegnerin des Propheten Elia war (1Kö 18,1-19,2). Isebels Vater (Et-Baal) taucht auf einer kommentierten Liste der Könige von Tyrus auf, die von Menander von Ephesus stammt und bei Josephus[221] zitiert wird. Isebels Name ist auch auf einem phönizischen Siegel aus dem 9./8. Jahrhundert v.Chr. zu finden, das neben einigen königlichen Symbolen (liegende Sphinx, geflügelte Scheibe, Uräusschlangen, Horusfalken) auch den Namen *Yzbl* (= Isebel) aufweist.[222]

2. Könige 3,4-27 schildert den militärischen Konflikt zwischen Israel und dem Königreich Moab kurz nach der Regierungszeit Ahabs von Israel. Jahrelang war Moab ein Vasall Ahabs gewesen und musste entsprechende jährliche Zahlungen (100.000 Lämmer, 100.000 Widder sowie Wolle) leisten. Nach Ahabs Tod versuchte Mesa, der König der Moabiter, aus dem Vasallenstatus herauszukommen und stellte die Zahlungen ein. Ahabs Nachfolger Joram und Joschafat, König von Juda, gingen daraufhin gemeinsam militärisch gegen Mesa vor. Nach anfänglichen großen militärischen Erfolgen zogen sich die Streitkräfte Israels und Judas dann aber zurück.

Nun wurde im Jahr 1868 in Diban (Ostjordanland)

---

[221] Flavius Josephus, Gegen Apion 1.116-1.126. H. St. J. Thackeray (Hrsg.), Josephus, the Life; Against Apion, Loeb Classic Library 186, 1926 in: Against Apion 1. 116-126, S. 208-213. Deutsch: Flavius Josephus, Der jüdische Krieg und Kleinere Schriften, übers. Von H. Clementz, hg. Von M. Tilly, Wiesbaden 2005, S. 681ff.

[222] N. Avigad und Sass, N. Avigad und B. Sass, Corpus of West Semitic Stamp Seals, Jerusalem 1997, 275, Nr. 740. O. Kaiser u.a. (Hrsg), Texte aus der Umwelt des Alten Testaments II, S. 571. N. Avigad, Israel Exploration Journal 14, 1964, S. 274.

eine Basalt-Stele (die sogenannte Mescha-Stele[223]) entdeckt, die über den Konflikt zwischen Mescha, Joram und Joschafat berichtet und von Mescha selbst stammt. Natürlich schildert die Mescha-Stele den Konflikt aus moabitischer Sicht, spielt eigene Misserfolge herunter und hebt eigene Erfolge hervor. Grundsätzlich passen aber beide Berichte sehr gut zueinander und bestätigen die biblischen Informationen.[224]

Einer der erbittertsten Feinde Israels war König Hasael von Damaskus (Syrien). 2. Könige 8,8.28; 10,32; 12,17f und 13,22 nennen ihn namentlich. Außerhalb der biblischen Schriften taucht sein Name auf einigen Elfenbeinfragmenten auf, die in Arslan Tas in Nordsyrien und in Nimrud gefunden wurden.[225] Auch zwei Pferdescheuklappen aus Bronze[226], die man in Griechenland entdeckte, weisen ihn namentlich als Besitzer aus. In Urkunden des assyrischen Herrschers Tiglat-Pileser III. wird auf Hasael unter der Bezeichnung Bit-Hazaili[227] (= Haus Hasaels) Bezug genommen. Damit ist klar: Es hat König Hasael von Damaskus als historische Person gegeben.

---

[223] Text der Stele: O. Kaiser u.a. (Hrsg), Texte aus der Umwelt des Alten Testaments I, S. 646-650. A. Lemaire in: Biblical Archaeological Review, Washington 20, 3, 1994, S. 30-37. A. Lemaire in: Studi Epigraphie Linguitice, sul Vicino Oriento Antico 11, 1994, S. 17-19.

[224] Kitchen, Das Alte Testament, S. 45f.

[225] F. Bron, A. Lemaire, Revue d'assyriologie et d'archéologie orientale 83, 1989, S. 37. 39.

[226] I. Eph'al, J. Naveh, Israel Exploration Journal 39, 1989, S. 192-200.

[227] H. Tadmor, The Inscriptions of Tiglat-pileser III King of Assyria, Jerusalem1994, III S. 138f. 186f. K. Galling, Textbuch zur Geschichte Israels, 3. Aufl. Tübingen 1979, S. 57f.

Damit sind die Informationen aber noch nicht erschöpft. 2. Könige 9,1-29 berichtet, dass Jehu, ein Offizier des Heeres Israels, im Jahr 841 v.Chr. sowohl König Joram von Israel, als auch dessen Verbündeten König Ahasja II. von Juda in einer Kampfpause im Krieg gegen Hasael durch ein Attentat tötete. Die Herrscher Judas und Israels kamen also fast gleichzeitig zu Tode.

Im antiken Dan wurden nun Anfang der neunziger Jahre des vergangenen Jahrhunderts zwei Steinfragmente der sogenannten Tel-Dan-Stele[228] gefunden, deren Inschrift in altaramäischer Sprache abgefasst ist und von einem König stammen muss. Sowohl Joram als auch Ahasja II. und ihr zeitnaher gewaltsamer Tod werden darin beschrieben. Die Stele muss kurz nach diesen Ereignissen entstanden sein. Sehr wahrscheinlich stammt die Inschrift von Hasael von Damaskus selbst[229], der damit den biblischen Bericht bestätigt. Dass Hasael in der Inschrift versucht, sich selbst den »Ruhm« für diese Bluttat zuzuschreiben, tut dem historischen Gewicht der Inschrift keinen Abbruch. Es war für Herrscher der Antike nicht unüblich, sich die Taten anderer selbst zuzuschreiben.[230]

---

[228] A. Biram und J. Naveh in: Israel Exploration Journal 43, 1993, S. 81-98. Siehe auch: Israel Exploration Journal 1995, S. 1-18. K. A. Kitchen in: Journal for the Study of The Old Testament 76, 1997, S. 42-44. A. Lemaire in: Journal for the Study of The Old Testament 81, 1998, S. 11-14. P.E. Dion, The Tel Dan Stele in ist Historical Significance, in: Y. Avishur, R. Deutsch (Hrsg.), Michael Heltzer, Tel Aviv 1999, S. 145-156.

[229] Kitchen, Das Alte Testament, S. 48f.

[230] A. Lemaire in: Journal for the Study of The Old Testament 81, 1998, S. 10f. Kitchen, Das Alte Testament, S. 49.

An verschiedenen Stellen in den Königsbüchern taucht der Name des assyrischen Herrschers Tiglat-Pilesers III. (745-727 v.Chr.) auf. 2. Könige 15,19-20 berichtet, dass König Menachem von Israel einen Tribut in Höhe von 1000 Talenten Silber an Tiglat-Pileser III. (der auch »Pul« genannt wurde) zahlen musste, um sich der Unterstützung der Assyrer zu versichern. Wahrscheinlich wurde dieser Tribut im Jahr 740 v.Chr. gezahlt. Zwei Jahre später (738 v.Chr.) leistete König Menachem noch einmal eine Zahlung an den assyrischen König. Um die geforderte Summe aufbringen zu können, legte Menachem allen wohlhabenden Bürgern seines Landes eine Sondersteuer in Höhe von 50 Silberstücken auf. In den assyrischen Chroniken wird nun nicht nur der Name von König Menachem und die Höhe des gezahlten Tributs genannt. Die Chroniken berichten auch von der Sondersteuer, die Menachem damals in Israel erhob.[231] Untersuchungen haben weiter ergeben, dass Tiglat-Pileser generell etwa 1000 Talente Silber verlangte, wenn er Könige unterstützte, deren Machtbasis unsicher geworden war.[232] So zahlte König Hoschea von Israel nach den Angaben der assyrischen Chroniken bei entsprechendem Anlass 10 Talente Gold und 1000 Talente Silber. Ein Herrscher namens Hulli von Tabal (Südostanatolien) zahlte ebenfalls 10 Talente Gold und 1000 Talente Silber. Metenna, König von Tyrus hatte 50 Talente Gold und

---

[231] Kitchen, Das Alte Testament, S. 50.

[232] H. Tadmor, The Inscriptions of Tiglat-pileser III King of Assyria, Jerusalem 1994, III, S. 276.

2000 Talente Silber zu zahlen.[233] Menachem lag mit der Höhe seiner Zahlung an den assyrischen Herrscher also durchaus am unteren Ende der Skala. Auch Ahas von Juda hat Tiglat-Pileser zu Hilfe gerufen und gezahlt, als eine militärische Auseinandersetzung mit den Aramäern (Syrien) drohte (2Kö 16,7-9). Auch dies wird in Tiglat-Pilesers Akten ausdrücklich vermerkt.[234]

2. Könige 15,29-30 (1Chr 5,6.26) beschreibt, wie Tiglat-Pileser III. Gilead und Galiläa einnimmt und die Einwohner nach Assyrien deportiert. Verschiedene Städte, unter ihnen auch die Stadt Hazor, werden dabei namentlich genannt. Der regierende König Pekach, der sich einst selbst an die Macht geputscht hatte (2Kö 15,25), kommt in einem Putsch um und wird durch König Hosea von Israel ersetzt. Tiglat-Pilesers eigene Aufzeichnungen berichten ebenfalls von genau diesem Feldzug in den Jahren 733-732 v.Chr. in den Nordosten Israels: Auch sie berichten von der Absetzung und dem Tod Pekachs.[235] Auch sie nennen verschiedene Städte in Galiläa und Gilead, die von dem Einmarsch der assyrischen Truppen direkt betroffen waren, auch sie erwähnen die Deportation »aller Untertanen« von König Pekach und bestätigen damit die biblischen Informatio-

---

[233] C. H. W. Johns, Assyrian Deeds and Documents 3, Cambridge 1924, S. 542-546.

[234] H. Tadmor, The Inscriptions of Tiglat-pileser III King of Assyria, Jerusalem1994, III, S. 170f. 277. / W.W. Hallo, K.L. Younger (Hrsg.), The Context of Scripture II, S. 289.

[235] H. Tadmor, The Inscriptions of Tiglat-pileser III King of Assyria, Jerusalem1994, III, S. 104f., 188f., 281.

nen.[236] Archäologische Ausgrabungen haben für den genannten Zeitraum (nach 733 v.Chr.) eine starke Abnahme der Bevölkerung Galiläas nachgewiesen. Das heißt: Die Deportationswelle, die damals über Galiläa und Gilead hinweggegangen war, hatte direkte Spuren hinterlassen. Das Land war danach förmlich entvölkert.[237] In der Stadt Hazor haben Ausgrabungen eine Ascheschicht von einem vollen Meter zu Tage gefördert, die in die Zeit König Pekachs datiert werden kann.[238] Diese auffällig dicke Ascheschicht weist auf eine äußerst brutale Zerstörung der Stadt durch die assyrischen Truppen hin.

2. Könige 17,3-6 schildert dann die Belagerung und Zerstörung der Stadt Samaria, den endgültigen Untergang des Nordreiches Israel im Jahr 722 v.Chr., die Gefangennahme von König Hosea von Israel und die Deportation der Bevölkerung. Die assyrischen Chroniken berichten ebenfalls von diesem Ereignis und nennen dabei auch Namen des assyrischen König Salmanassar V., der für diese militärische Aktion verantwortlich war.[239] Salmanassar (727-722 v.Chr.) ist übrigens während des Einmarsches in den Norden Israels gestorben.

2. Könige 18,13-19,37; Jesaja 36-37; 2. Chronik 32,1-22 berichten von der Belagerung Jerusalems durch die

---

[236] Ebd., S. 140f., 277. / TGI, S. 59. / O. Kaiser u.a. (Hrsg), Texte aus der Umwelt des Alten Testaments I, S. 371-374, 376-378.

[237] Z. Gal, Biblical Archaeological Review 24, 3, Washington 1998. S. 48-53.

[238] Y. Yadin, Hazor, London 1975, S. 147f., 175-177, 183f.

[239] A. K. Grayson, Assyrian and Babylonian Chronicles, New York 1975, Chronik 3 und 5, S. 73.

Truppen des assyrischen Königs Sanherib. Sanherib war Nachfolger von Sargon II. auf dem assyrischen Thron. Sargon II. seinerseits war Nachfolger von Salmanassar von Asyyrien gewesen und im Jahr 705 v.Chr. in einer Schlacht ums Leben gekommen. Sanherib musste zunächst für klare Verhältnisse im assyrischen Stammland sorgen. In dieser Zeit ließ der assyrische Druck auf das Südreich Juda unter König Hiskia etwas nach und Hiskia wagte es, die Tributzahlungen an Assyrien einzustellen. Die Konsequenzen blieben nicht aus: Im Jahr 701 v.Chr. griff der Assyrer Sanherib das Südreich Juda an und eroberte nach und nach mehrere Städte. Insbesondere die Stadt Lachisch leistete dabei heftigen Widerstand (2Kö 18,14; 19,8). Sie wird in den assyrischen Chroniken eigens erwähnt.[240] Hiskia ahnte, dass ihm die Zeit davonlief, schickte Boten nach Lachisch und bot Sanherib an, die Tributzahlungen wieder aufzunehmen (2Kö 18,14f). Sanherib akzeptierte, schickte aber trotzdem einen Teil seiner Truppen nach Jerusalem und forderte die bedingungslose Kapitulation (2Kö 18,17-19,8).

Interessant ist nun, dass Sanherib Juda unmittelbar danach überstürzt verließ. Er nahm weder Jerusalem noch Gaza ein, was kein Problem gewesen wäre, sondern rückte geradezu fluchtartig aus Juda ab. Es muss also etwas sehr Schwerwiegendes geschehen sein, zu dem sich die assyrischen Quellen aber nicht im Ein-

---

[240] J.B. Pritchard (Hrsg.), Ancient near Eastern Texts Relating to the Old Testament, Princeton 1969, S. 278f. W.W. Hallo, K.L. Younger (Hrsg.), The Context of Scripture II, S. 300-305. K. Galling, Textbuch zur Geschichte Israels, 3. Aufl. Tübingen 1979, S. 67-69.

zelnen äußern.[241] Die Bibel lüftet das Geheimnis insofern, als sie berichtet, dass in einer Nacht große Teile
von Sanheribs Truppen gestorben seien, was Sanherib
zum sofortigen Rückzug veranlasst habe (2Kö 19,35-
36). Die unmittelbare Ursache für diese vielen Todesfäl-
le nennt aber auch die Bibel nicht. Sie spricht davon,
dass der »Engel des Herrn ... im Lager der Assyrer
185.000 Mann« schlug. Nach 2. Könige 19,37 (Jes
37,38) kam Sanherib nach seiner Rückkehr nach Assyrien durch einen Putsch seiner Söhne ums Leben. Die
assyrischen Quellen bestätigen wiederum die biblischen
Informationen.[242]

Über das Ende des Südreiches Juda im Jahr 587/586
v.Chr. wird in 2. Könige 24 (2Chr 36,11-21) berichtet.
Mittlerweile hatten die Babylonier in Mesopotamien die
Herrschaft von den Assyrern übernommen. Jojakim
(Jehojakim) regierte als König von Juda und als Vasall
des babylonischen Königs Nebukadnezar in Jerusalem.
Im Jahr 601 v.Chr. wurden Nebukadnezars Streitkräfte
durch eine sehr verlustreiche Auseinandersetzung mit
ägyptischen Truppen so geschwächt, dass Jojakim
meinte, sich jetzt von Nebukadnezar lösen zu können
(2Kö 24,1-2).

Am 15./16. März 597 v.Chr. wurde Jerusalem von
Nebukadnezars Armee eingenommen. König Jojakim
war zu diesem Zeitpunkt schon gestorben, aber sein
Sohn und Nachfolger Jojachin (Jehojachin) erlebte die

---

[241] W. R. Gallagher, Sennacherib's Campaign to Judah, New Studies,
Leiden 1999. / Kitchen, Das Alte Testament, S. 56.

[242] A. K. Grayson, The Cambridge Ancient History (2. Aufl.) III, 2,
1999, S. 119-121. Ders., Assyrian and Babylonian Chronicles, New
York 1975, Chronik 3 und 5, S. 81f.

Kapitulation der Hauptstadt (2Kö 24,10-11). Nebukadnezar setzte Jojachins Onkel Mattanja als neuen König ein und gab ihm den Namen Zedekia (2Kö 24,17). Zedekia wiederholte allerdings wenige Jahre später den Fehler Jojakims und stellte im Jahr 588 v.Chr. die Tributzahlungen an Nebukadnezar ein (2Kö 24,20). Daraufhin wurde Jerusalem im Jahr 587/586 v.Chr. von Nebukadnezars Truppen zerstört. Babylonische Chroniken bestätigen erneut bis in die Details die biblischen Berichte.[243] Deutliche Spuren der Zerstörung Jerusalems im Jahr 587/586 v.Chr. sind bei Ausgrabungen im Nordwestteil der Altstadt Jerusalems und südlich des Tempelberges gefunden worden.[244]

2.6. Die historische Zuverlässigkeit der Bücher Samuel, Könige und Chronik

Die Untersuchung der Samuel-, Königs- und Chronikbücher hat ergeben, dass sie in der Darstellung der nationalen Geschichte Israels ein hohes Maß an Übereinstimmung mit den Informationen aufweisen, die in Chroniken und Urkunden der Nachbarvölker Israels zugänglich sind. Auch die Forschungsergebnisse der Archäologie bestätigen immer wieder die Berichte der Bibel. Eine nähere Betrachtung sowohl der assy-

---

[243] D. J. Wiseman, Chronicles of Chaldean Kings (626-556 b.c.) in the British Museum, London 1956, S. 19-37, 46-48, 70-73. A. K. Grayson, Assyrian and Babylonian Chronicles, New York 1975, Chronik 3 und 5, S. 100-102.

[244] N. Avigad, Discovering Jerusalem, Oxford 1984, S. 46ff., 52-54, 263f. H. Geva (Hrsg.), Ancient Jerusalem Revealed, Jerusalem 1994, S. 37-40. Y. Siloh, Excavations at the City of David I, Jerusalem 1984, S. 19.

risch-babylonischen als auch der ägyptischen Quellentexte zeigt darüber hinaus, dass die biblischen Geschichtsschreiber nicht nur ihre eigene Geschichte präzise darstellen konnten, sondern auch über solide Kenntnisse bezüglich ihrer Nachbarvölker verfügten. So werden sowohl die assyrisch-babylonischen als auch die ägyptischen Herrscher alle in der korrekten Reihenfolge und mit den richtigen Namen aufgeführt. Umgekehrt bestätigen assyrisch-babylonische Urkunden, dass auch die Könige von Juda und Israel in den Büchern Samuel bis Chronik immer in der richtigen Reihenfolge und mit den korrekten Namen geführt werden.[245] Der Altorientalist K. A. Kitchen kommt darum in der Frage nach der Zuverlässigkeit der biblischen Darstellung der Geschichte Israels zu dem folgenden Ergebnis: »Den Schreibern der biblischen Könige- und Chronikbücher ... ist ein hohes Maß an Genauigkeit und Zuverlässigkeit zu attestieren.«[246]

Die biblischen Schreiber haben – so macht die Bibel selbst unübersehbar deutlich – auf Quellenmaterial zurückgreifen können, das ihnen bei der Abfassung der Bücher Samuel, Könige und Chronik vorlag und auf das sie sich immer wieder beziehen. Zu diesem Quellenmaterial zählen zum Beispiel das »Buch des Redlichen« (2Sam 1,18), die »Geschichte des Sehers Samuel«, die »Geschichte des Propheten Nathan« und die »Geschichte Gads, des Schauenden« (1Chr 29,29-30), das »Buch der Geschichte Salomos« (1Kö 11,41), die »Chronik der Könige von Juda« (1Kö 14,29; 15,23; 2Kö 15,36; 16,19;

---

[245] Kitchen, Das Alte Testament, S. 31f.
[246] Ebd., S. 31.

20,20; 21,17) und das »Buch der Chroniken der Könige von Israel« (1Kö 15,31; 16,5.14.20.28; 2Kö 14,28; 15,15.21.26.31). Dieses Quellenmaterial als solches ist nicht erhalten. Es liegt aber den biblischen Berichten zugrunde.

Natürlich sind die Berichte in den Samuel-, Könige- und Chronikbüchern nicht nur eine sterile Aneinanderreihung von Fakten. Sie schildern vielmehr die nationale Geschichte Israels aus einem ganz bestimmten Blickwinkel: dem Bund des lebendigen Gottes mit seinem Volk Israel. Wenn das Volk den Bund bricht, muss es die Konsequenzen tragen. Wenn es ihn einhält, wird es bewahrt und gesegnet. Dieser besondere Blickwinkel bedeutet aber nicht, dass die Verfasser der Samuel-, Könige- und Chronikbücher die Geschichte Israels verfälschten. Es ist im Gegenteil deutlich geworden, dass sie positive und negative Fakten der Geschichte Israels detailgenau wiedergeben. Die Darstellung der Geschichte Israels aus dem Blickwinkel des Bundes Gottes mit seinem Volk geschieht also gerade nicht *gegen* die historischen Fakten, sondern in Übereinstimmung mit ihnen! Die spezifisch geistliche Botschaft der Samuel-, Könige- und Chronikbücher erwächst und fußt auf einem soliden und zuverlässigen Fundament von Fakten, das von Zeitzeugen stammt.

2.7. Die Verfasser der Samuel-, Könige- und Chronikbücher

Weder die Samuel- noch die Könige- oder Chronikbücher nennen konkret ihren Verfasser. Für die Samuelbücher kommt möglicherweise der Prophet Samuel und/ oder einer seiner Schüler (1Sam 10,10) in Frage, der/die Augenzeugen der geschilderten Ereignisse waren und Zugriff auf das oben beschriebene Quellenmaterial hatten (z.B. das »Buch des Redlichen« – 2Sam 1,18). Da die Samuelbücher die Teilung des Reiches um 930 v.Chr. voraussetzen (1Sam 27,6), ist eine Abfassungszeit kurz nach diesem Ereignis wahrscheinlich.

Verfasser der Königsbücher könnten zu unterschiedlichen Zeiten und Anteilen der Prophet Jeremia und der Prophet Jesaja gewesen sein.[247] Jeremia erlebte den Fall Jerusalems im Jahr 587/586 v.Chr. persönlich mit, bevor sich seine Spur verliert, und die Königsbücher schließen mit diesem Ereignis. Ein Vergleich von 2. Könige 18-20 mit Jesaja 36-39 zeigt darüber hinaus, dass die Kapitel 18-20 im 2. Königsbuch aus der Feder des Propheten Jesaja stammen. Beide – Jesaja und Jeremia – hatten Zugang zu den Chroniken der Könige von Juda und den Chroniken der Könige von Israel.[248] Darüber hinaus dürfte ihnen das Basisthema der Königsbücher: »Gottes Bund mit seinem Volk und die Unfähigkeit des Volkes Israel, in diesem Bund zu leben«, sehr geläufig gewesen sein. Ihre Verkündigung drehte sich ja immer wieder um genau dieses Thema![249] Als Propheten wären sie auch mit den damals vorhandenen biblischen Schriften, insbesondere den Mosebüchern, bestens vertraut gewesen. Möglicherweise sind *sie* es gewesen, die – zu

---

[247] So auch Kitchen, Das Alte Testament, S. 31.

[248] Siehe Teil III, 2.6. Die historische Zuverlässigkeit der Bücher Samuel, Könige und Chronik.

[249] Siehe Teil V, Die Propheten.

unterschiedlichen Anteilen – für die Abfassung der Königsbücher verantwortlich zeichnen.

Die Chronikbücher bieten einen Rückblick über die gesamte Geschichte Israels von den Anfängen bis zum Exil und der anschließenden Rückkehr ins verheißene Land. Die Chronikbücher sind also mit Sicherheit erst nach der Rückkehr des Volkes Israel in sein Land fertiggestellt worden. Sie sind nach den Königsbüchern noch einmal ein ganz neuer Entwurf, der aber auf alte Quellen zurückgreift und viele ergänzende Details berichtet, die so in den Königsbüchern nicht auftauchen: zum Beispiel König Manasses späte Buße und etliche bis dahin unbekannte Propheten wie etwa Asaf, Heman, Jedutun, Oded und Jahasiel.

Als Verfasser käme der Priester Esra in Frage. Esra stand damals vor der Aufgabe, seinem Volk nach der Katastrophe des Exils in Babylonien eine neue geistliche Grundlage zu geben. Er könnte das mit den Chronikbüchern getan haben, die vor allem zeigen, was in der Vergangenheit gut und richtig war und nun Grundlage für einen geistlichen Neuanfang sein konnte.

Wenn Esra der Verfasser der Chronikbücher war, hat er jedenfalls reichlich Quellenmaterial zur Verfügung gehabt. Das 2. Makkabäerbuch (2Makk 2,13-15) berichtet, dass Nehemia eine große Bibliothek besessen habe, die auch zahlreiche Dokumente aus der Vergangenheit enthielt. Dazu könnten die folgenden (in den Chronikbüchern ausdrücklich genannten) Quellen gehört haben: »Buch der Königreiche Juda und Israel« (2Chr 16,11), »Worte von König Usia« (zusammengestellt von Jesaja; 2Chr 26,22; 32,32), »Worte der

Propheten Semaja und Iddo« (2Chr 12,15), eine »Schrift des Propheten Iddo« (2Chr 13,22) und »Worte des Königs Jehu« (2Chr 20,34). Es ist denkbar, dass Esra – der ja mit Nehemia gut bekannt war – mit Hilfe von dessen Bibliothek und den dort vorhandenen Quellen zwischen 450-400 v.Chr. die Chronikbücher verfasst hat.

3. Weisheit und Dichtung

Unter Weisheit versteht die Bibel gesammelte Lebenserfahrung, die aus dem Gehorsam des Glaubens gewonnen wurde. Zur Weisheitsliteratur in der Bibel gehören das Buch Hiob, das Buch der Sprüche und das Buch des Predigers, eventuell auch noch das Hohelied. Zur poetischen Literatur, also zur geistlichen Dichtung gehört das Buch der Psalmen. Beides – die Bücher der Weisheit und der Dichtung – soll nun auf seine Bedeutung für die Frage nach der historischen Zuverlässigkeit der Bibel befragt werden.

3.1. Das Buch Hiob

Das Buch Hiob handelt von einem Mann aus dem Land Uz (im Norden Arabiens), der unter dramatischen Umständen zuerst seine Familie, danach seine Gesundheit verliert und durch eine Phase tiefen Leids hindurchgeht. Eindringlich stellt das Buch Hiob die Frage, wie es sein kann, dass ein Mensch, der in der Liebe und im Vertrauen zu Gott lebt, dennoch Erfahrungen großen Verlustes und tiefen Schmerzes machen muss. Die

Antwort des Buches Hiob ist eine dreifache: 1. Gott gebührt die Liebe des Menschen, und zwar unabhängig davon, ob ein Mensch Phasen des Glücks oder des Leids erlebt. 2. Gott lässt Zeiten des Leids im Leben der Glaubenden zu, um ihren Glauben zu prüfen und zur Bewährung zu führen. 3. Gott ist mit seinen Gedanken und Plänen dem Menschen und seinem Denken absolut überlegen. Er allein weiß, was am Besten zum Wohl des Einzelnen und zur Verherrlichung Gottes dienlich ist.

Das Buch Hiob erwähnt weder den Bund Gottes mit Abraham noch den Auszug aus Ägypten. Er erwähnt auch das mosaische Gesetz, die Stiftshütte, den Tempel und den Dienst der Priester mit keinem Wort, sondern geht davon aus, dass Opfer durch das Familienoberhaupt dargebracht werden (Hi 1,4-5). Damit passt das Buch Hiob am ehesten in die Zeit der Patriarchen. Sein Verfasser wird nicht genannt. G. L. Archer vermutet, es könne Mose gewesen sein, da das Land Uz an das Land Midian grenzte, wo Mose 40 Jahre lang lebte. Mose könnte in dieser Zeit einen Bericht über das Leben des Hiob und die Begegnung mit seinen drei Freunden erhalten und ihn dann bearbeitet haben. Als Verfasser käme aber auch König Salomo in Frage, da der Inhalt des Buches Hiob Ähnlichkeiten mit dem Predigerbuch aufweise. Auch Salomo könnte – wie Mose – einen schriftlichen Bericht über Hiob erhalten und dann in die uns heute vorliegende Form gebracht haben.[250] Archers Vermutungen könnten zwar grundsätzlich zutreffen, bleiben aber unsicher. Sichere Aussagen über den

---

[250] Zur Verfasserfrage siehe: G. L. Archer, Einleitung in das Alte Testament, Bd. 2, Bad Liebenzell 1989, S. 379-387.

Verfasser des Hiobbuches sind nach derzeitigem Kenntnisstand nicht möglich.

Das Buch Hiob ist – nicht zuletzt auch seelsorgerlich – von großer Bedeutung, weil es die Frage nach dem Sinn von Leid im Leben der Glaubenden so radikal stellt und beantwortet. Bestimmte Passagen im Buch Hiob sind aber noch aus einem anderen Grund bedeutsam: Sie präsentieren nämlich recht ungewöhnliche Fakten aus dem Bereich der Biologie. Hiob 40,15-32 ist eine dieser Passagen. Dort heißt es:

»Und der Herr antwortete Hiob ... und sprach: Siehe da, den Behemot, den ich geschaffen habe wie auch dich. Er frisst Gras wie ein Rind. Siehe, welch eine Kraft ist in seinen Lenden und welch eine Stärke in den Muskeln seines Bauchs! Sein Schwanz streckt sich wie eine Zeder; die Sehnen seiner Schenkel sind dicht geflochten. Seine Knochen sind wie eiserne Röhren, seine Gebeine wie eiserne Stäbe. Er ist das erste der Werke Gottes; der ihn gemacht hat, gab ihm sein Schwert. Die Berge tragen Futter für ihn, und alle wilden Tiere spielen dort. Er liegt unter Lotosbüschen, im Rohr und im Schlamm verborgen. Lotosbüsche bedecken ihn mit Schatten, und die Bachweiden umgeben ihn. Siehe, der Strom schwillt gewaltig an: Er dünkt sich sicher, auch wenn ihm der Jordan ins Maul dringt. Kann man ihn fangen Auge in Auge und ihm einen Strick durch seine Nase ziehen? Kannst du den Leviatan fangen mit der Angel und seine Zunge mit einer Fangschnur fassen? Kannst du ihm ein Binsenseil an die Nase legen und

mit einem Haken ihm die Backen durchbohren?
Meinst du, er wird dich lang um Gnade bitten oder
dir süße Worte geben? Meinst du, er wird einen Bund
mit dir schließen, dass du ihn für immer zum Knecht
bekommst? Kannst du mit ihm spielen wie mit einem
Vogel oder ihn für deine Mädchen anbinden? Meinst
du, die Zunftgenossen werden um ihn feilschen und
die Händler ihn verteilen? Kannst du mit Spießen
spicken seine Haut und mit Fischerhaken seinen
Kopf? Lege deine Hand an ihn! An den Kampf wirst
du denken und es nicht wieder tun!«

In dieser Rede Gottes an Hiob wird ein Lebewesen von
beträchtlicher Größe und Kraft beschrieben. Die Frage
ist nur, welches? Manche Bibeln übersetzen »Behemot«
mit »Nilpferd« oder »Flusspferd«. Dass diese Begriff-
lichkeit nicht zutreffend sein kann, wird schon daran
deutlich, dass das Lebewesen in Hiob 40,17 einen
Schwanz *»wie eine Zeder«* hat. Jeder, der schon einmal
eine Zeder gesehen hat, weiß, dass das ein Baum mit
kerzengeradem, sehr hohem Wuchs ist. Das Flusspferd
verfügt aber nur über einen äußerst bescheidenen
Schwanz. Ein Flusspferd kann der Behemot also nicht
sein. Was aber dann? An dieser Stelle hilft Vers 17
weiter, der eine interessante Einzelheit aus der inneren
Anatomie des Behemot nennt: *»Die Sehnen seiner*
Schenkel sind dicht geflochten.« Es gibt in der gesamten, heute auf der Erde lebenden Tierwelt *kein*
einziges Lebewesen mit geflochtenen Sehnen! Aber es
gab *Dinosaurier*, die diese Besonderheit geflochtener
Sehnen hatten. Es handelt sich zum einen um die Saurier

aus der Gruppe der Iguanodonten sowie um eine Reihe weiterer Saurier aus der Gruppe der Ornitischier.[251] Beide weisen die charakteristischen geflochtenen Sehnen an den Beinen auf. Dazu kommen geflochtene und verknöcherte Sehnen an der Wirbelsäule, die eine waagerechte Streckung des Schwanzes bewirken. Das heißt, die Iguanodonten und Ornitischier konnten ihren sehr langen Schwanz zwar von rechts nach links, jedoch *nicht* von oben nach unten bewegen. In vielen Museen wird das Iguanodon als Waldbewohner dargestellt, der seinen Schwanz hinter sich her schleifen ließ. Diese Vorstellung geht jedoch an der Wirklichkeit vorbei. Die Iguanodonten waren Wasserbewohner, wie das Buch Hiob sie beschreibt: *»Er liegt unter Lotosbüschen, im Rohr und im Schlamm verborgen. Lotosbüsche bedecken ihn mit Schatten, und die Bachweiden umgeben ihn. Siehe, der Strom schwillt gewaltig an: Er dünkt sich sicher, auch wenn ihm der Jordan ins Maul dringt«* (Hi 40,21-23). Sie benutzten ihren Schwanz zum Rudern. Der Schwanz war kerzengerade wie eine Zeder und hing nicht herab, weil die verknöcherten, geflochtenen Sehnen ihn daran hinderten.[252] Das heißt: Der lange und kraftvolle Schwanz des Iguanodon streckte sich wirklich *»wie eine Zeder«* (Hi 40,17a).

Damit wird klar: Das Lebewesen, das in Kapitel 40 des Buches Hiob beschrieben wird und dort den Namen Behemot trägt, ist wahrscheinlich ein Dinosaurier aus der Gruppe der Iguanodonten bzw. der Ornitischier.

---

[251] J. Scheven, Unverstandene Saurier, in: »Leben« Deutsches Schöpfungsmagazin 6/1995, S. 4.

[252] Ebd., S. 4-5.

Kein anderes Lebewesen weist die charakteristischen Merkmale auf, die Hiob 40,15-32 benennt. Wie aber kam der Verfasser des Buches Hiob an diese sehr speziellen naturwissenschaftlichen Informationen? Wie konnte er von den geflochtenen Sehnen der Iguanodonten und Ornitischier wissen?

Der Text des Hiobbuches legt die Antwort nahe: Die Informationen über den Behemot, kamen vom Schöpfer selbst, der sie in seiner Anrede an den unglücklichen Hiob offenbarte und sie so in die Bibel gelangen ließ. Das Beispiel des Behemot unterstreicht damit die Tatsache, dass die Informationen der Bibel nicht nur im Bereich der Geschichte, sondern auch im Bereich des Naturwissenschaftlichen verlässliche Informationen sind.

3.2. Das Buch der Sprüche

Das Buch der Sprüche trägt den Titel: *»Sprüche Salomos, des Sohnes Davids, des Königs von Israel«* (Spr 1,1). Es ist ein Buch voller Lebensweisheit, die aus einem Leben in der Ehrfurcht und dem Gehorsam Gott gegenüber erwachsen ist. Salomos Weisheit war sprichwörtlich. Sie hat die Menschen sehr beeindruckt (1Kö 4,29-34) und war auch der Anlass für den Besuch der Königin von Saba (1Kö 10,1-13).

Das Buch der Sprüche selbst macht aber deutlich, dass nicht sein gesamter Inhalt direkt von Salomo selbst stammt, sondern auch Weisheitsworte anderer enthält. Das lange Vorwort (Spr 1,1-9,12) stammt aus Salomos Feder. Dasselbe gilt für den Inhalt von Sprüche 10,1-

22,16. Die »*Worte der Weisen*« (Spr 22,17-24,34) dagegen hat Salomo wahrscheinlich nur gesammelt (Spr 24,23). Die Ratschläge in Sprüche 25,1-29,27 gehen wieder auf Salomo selbst zurück, wurden aber erst später in der Zeit Hiskias dem Buch der Sprüche hinzugefügt (Spr 25,1). Die Kapitel 30 und 31 enthalten Worte der Weisen Agur (Spr 30,1) und Lemuel oder dessen Mutter (Spr 31,1). Auch sie wurden sehr wahrscheinlich von Salomo gesammelt und dann dem Buch der Sprüche beigefügt.

Weisheitsliteratur war damals im Vorderen Orient recht verbreitet. Es sind ungefähr 40 Werke mit weisheitlicher Erkenntnis bekannt: Zum Beispiel die »Lehre des Hardjedef«, die »Lehre des Ptahhotep«, die »Lehre des Schuruppak«, die »Lehre des Chety, des Sohnes Duaufs«, die »Lehre des Schetib-Re«, die »Lehre Amenemhets für seinen Sohn« und die »Lehre des Merikare«.[253] Etwa die Hälfte dieser Weisheits-Bücher stammt aus Ägypten, andere aus Mesopotamien (Sumer, Babylonien). Gemeinsam ist all diesen Werken, dass sie im Titel den Namen des Verfassers tragen, der immer in der dritten Person genannt wird. Unbestritten ist auch, dass die im Titel genannte Person jeweils auch der Verfasser des Buches ist.[254]

Interessant ist nun, dass die äußere Form dieser Weisheitsliteratur sich im Laufe der Jahrhunderte und Jahrtausende in signifikanter Art und Weise gewandelt

---

[253] Kitchen, Das Alte Testament, S. 181.
[254] Ebd.

hat.[255] Im 3. und 2. Jahrtausend v.Chr. haben die Weisheitsbücher im Alten Vorderen Orient entweder kein oder höchstens ein kurzes Vorwort. Das ändert sich aber mit Beginn des 1. Jahrtausends v.Chr. Nun wird den Weisheitswerken jeweils ein ausführliches Vorwort vorangestellt, oft sehr persönlich als Worte des Vaters an seine Söhne formuliert.[256]

Wendet man nun diese äußeren, formalen Kennzeichen auf das biblische Buch der Sprüche an, ergibt sich folgendes Bild: Auch das Buch der Sprüche trägt im Titel den Namen seines Verfassers, der in der dritten Person genannt wird. Auch das Buch der Sprüche stellt den eigentlichen Weisheitsworten ein ausführliches Vorwort voran. Auch das Buch der Sprüche richtet sich in seinem Vorwort sehr persönlich als Worte des Vaters an seine Söhne (Spr 1,8.10.15; 2,1; 3,1.11; 4,1.20; 5,1; 6,1; 7,1.24; 8,32).

Das biblische Buch der Sprüche ähnelt also, was die äußere Form angeht, den Weisheitsbüchern am Beginn des ersten Jahrtausends v.Chr. Inhaltlich bestehen natürlich große Unterschiede zwischen dem biblischen Buch der Sprüche und anderen nichtbiblischen Weisheitswerken. In der äußeren Form aber gibt es deutliche Übereinstimmungen. Es spricht darum alles dafür, dass

---

[255] Zu den Besonderheiten der äußeren Form von Weisheitsbüchern im Alten Vorderen Orient siehe: K. A. Kitchen, The Basic Literary Forms and Formulations of Ancient Instructional Writings in Egypt and Western Asia, in: E. Hornung, O. Keel (Hrsg.), Studien zu altägyptischen Lebenslehren, Orbis Biblicus et Orientalis 28, Freiburg und Göttingen 1979, S. 235-282. Ders.: Proverbs and Wisdom Books of the Ancient Near East, in: TynB 28, 1977, S. 69-114.

[256] Kitchen, Das Alte Testament, S. 181.

das biblische Buch der Sprüche tatsächlich zu Beginn des ersten Jahrtausends v.Chr. verfasst worden ist, also zur Regierungszeit von König Salomo, dessen Name im Titel erscheint. Es kann darum als gesichert gelten, dass das Buch der Sprüche im Wesentlichen auch von Salomo geschrieben wurde, der von Gott in besonderer Weise die Gabe der Weisheit verliehen bekam (1Kö 5,9-14).[257] Nicht aus Salomos Feder stammen »*Worte der Weisen*« (Spr 22,17-24,34) und Worte Agurs und Lemuels bzw. dessen Mutter (Spr 30-31).

3.3. Die Psalmen

Mehr als 60 der 150 Psalmen in der Bibel tragen die Überschrift: »Von David«. Die Samuelbücher berichten von David als geschicktem Musiker (1Sam 16,15-23; 19,9) und präsentieren weitere Psalmen, die von ihm geschrieben wurden (2Sam 1,17-27; 23,1-7; 2Sam 22 = Ps 18). David, der König Israels, gilt darum zu Recht als der wichtigste Verfasser geistlichen Liedguts in der Bibel.

Nun könnte der Eindruck entstehen, dass Musik vor allem eine Vorliebe der Oberschicht gewesen sei. Schließlich gehörte David mit seiner Familie als König der Oberschicht an. Dies wäre jedoch ein falscher Eindruck. Die Musik war damals allgemein wichtig. Ganz ähnlich wie heute haben insbesondere Lieder eine große Rolle im Leben der einfachen Menschen

---

[257] Ebd., S. 182.

gespielt.[258] In Ägypten – um nur ein Beispiel zu nennen – gab es bereits im 3. Jahrtausend v.Chr. eine hochentwickelte Musikkultur im einfachen Volk. Bildliche Darstellungen aus dieser Zeit zeigen singende Hirten (auch David war ja von Haus aus Hirte!) und Sänftenträger.[259] Im 2. Jahrtausend (also rund 1000 Jahre vor David) wurden die Menschen in Ägypten von »Liedermachern« unterhalten, die ihren Gesang mit der Harfe begleiteten (wie David es tat!). Die Themen dieser Lieder sind breit gefächert. Es gibt Lieder, die das Leben auf dem Land besingen, es gibt Tischlieder, die anlässlich der Mahlzeiten gesungen wurden, es gab Liebeslieder und auch religiöse Lieder.[260] David als »Liedermacher«, Hirte und Harfenspieler war also keine Ausnahmeerscheinung. Er stand in einer internationalen Tradition volkstümlicher Musik und Dichtkunst.

Auch als König hat David viele Psalmen verfasst. Oft waren persönliche Erfahrungen der Anlass (Ps 3; 7; 34; 51; 52; 56; 57; 59; 60; 63; 142). In diesen Psalmen verarbeitete er persönliche Erfahrungen geistlich, was sie bis heute für viele Christen zur Hilfe werden lässt.

Heute sind liederschreibende Politiker eher die Ausnahme, zu Davids Zeiten war das aber anders. Pharao Intef II. von Ägypten betätigte sich als Lieder-

---

[258] Beispiele von Liedern und Gebeten aus Kulturen des Alten Orients in: J. B. Pritchard (Hrsg.), Ancient near Eastern Texts Relating to the Old Testament, Princeton 1969, S. 365-400, 467-469 und in W.W. Hallo, K.L. Younger (Hrsg.), The Context of Scripture I, S. 37-48, 416-418, 470-475, 526-530.

[259] K. A. Kitchen, Poetry of Ancient Egypt, Jonsered 1999, S. 75-78. / Kitchen, Das Alte Testament, S. 137.

[260] K. A. Kitchen, Poetry of Ancient Egypt, Jonsered 1999, S. 133-142, 315-430.

dichter.[261] Dasselbe gilt (300 Jahre früher) für die Prinzessin Encheduanna[262], Tochter des assyrischen Königs Sargons I., und für den bekannten ägyptischen Pharao Echnaton[263], der 300 Jahre vor David lebte und eine ganze Reihe religiöser Lieder verfasste. David stand also als dichtender König nicht völlig allein. Natürlich, die Inhalte seiner Psalmen waren ohne Parallele, aber singende und Lieder schreibende Könige waren damals nichts Ungewöhnliches. Sie benutzten sogar zum Teil ähnliche Stilmittel in ihren Liedern, wie zum Beispiel den poetischen Parallelismus, den Dreizeiler, Vierzeiler und den Chiasmus.[264] Auch kurze musikalische Anweisungen, wie sie oft in der Überschrift der David-Psalmen auftauchen, waren damals allgemein üblich: Zum Beispiel: »Lied mit einer Harfe«, »Klagelied mit einer Trommel«.[265]

Die meisten David-Psalmen tragen die Notiz »Von David« in der Überschrift. Im Hebräischen steht dabei für das Wörtchen »von« immer das hebräische »L« (Lamed). Dieses »L« taucht nun auch in den Überschriften von Liedern aus dem Königreich Ugarit auf. Dort bezeichnet das »L« den Verfasser des betreffenden

---

[261] Ebd., S. 109-112.

[262] W. W. Hallo, J. J. A. van Dijk, The Exaltation of Inanna, New Haven 1968.

[263] K. A. Kitchen, Poetry of Ancient Egypt, Jonsered 1999, S. 249-260.

[264] Kitchen, Das Alte Testament, S. 138-139.

[265] S. N. Kramer, in: J. B. Pritchard (Hrsg.), Ancient near Eastern Texts Relating to the Old Testament, 3. Aufl., Princeton 1969, S. 576-579, 582-584. J. Krecher, Sumerische Kultlyrik, Wiesbaden 1966, S. 27, 23, Anm. 26f., 33, 26f.

Liedes. Dasselbe darf man umgekehrt auch für die Psalmen annehmen. Die Überschrift »Von ...« ist also kein späterer Zusatz, sondern original. Sie bezeichnet immer den Verfasser des betreffenden Psalms.[266] Es besteht also kein Grund, bei den Psalmen die Verfasserschaft Davids und anderer in Frage zu stellen.

---

[266] Kitchen, Das Alte Testament, S. 139.

TEIL IV: Die Bücher von Exil und Neuanfang

Das Exil des Volkes Israel dauerte insgesamt 70 Jahre. Sowohl das Buch Daniel als auch die Bücher Esra und Nehemia berichten aus der Zeit des Exils und des anschließenden Neuanfangs.

Das Buch des Propheten Daniel galt lange Zeit als historische Fälschung. Die bibelkritische alttestamentliche Forschung nahm an, dass das Buch frühestens im 2. Jahrhundert v.Chr. entstanden sein könne und nicht, wie das Buch Daniel es selbst angibt, zwischen 600-535 v.Chr. Hintergrund dieser Annahme war die Theorie, dass der von Daniel genannte König Belsazar (Dan 5,1.29) eine historische Fälschung sei. Der Name Belsazar war nämlich bisher in den babylonischen Königslisten des 6. Jahrhunderts v.Chr. nirgendwo nachgewiesen worden. Dann aber entdeckte man eine Keilschrifttafel, die König Belsazar ausdrücklich erwähnte. Belsazar – so stellte sich nun heraus – war Mitregent von König Nabonid, der von 550-535 v.Chr. das babylonische Reich regierte. Belsazar war vor allem für die nördlichen Teile des Landes Babylonien verantwortlich.[267]

Im Zuge dieser neuen Erkenntnisse, fiel nun auch neues Licht auf die rätselhafte Notiz in Daniel 5,29, die davon berichtet, König Belsazar habe Daniel zum »Dritten im Königreich« ernannt. Warum – so die offene Frage – bekam Daniel nur die Stellung des »Dritten im Königreich« und nicht die des »Zweiten«? Die Antwort lag nun auf der Hand: Da Belsazar selbst nur der »Zweite im Königreich« Babylon und König

---

[267] Archer, Einleitung, S. 284-285.

Nabonid der »Erste im Königreich« war, konnte Belsazar natürlich auch nur die Stellung des »Dritten im Königreich« an Daniel vergeben. Wieder zeigt sich, dass der biblische Text völlig korrekt und präzise berichtet.

Aus der Zeit des Exils stammt auch das kleine Buch Esther: Esther, eine Jüdin, hat damals als Ehefrau des persischen Königs Ahasveros (= Xerxes) ein Progrom gegen die jüdische Bevölkerung verhindert. Das jüdische Purimfest wird noch heute als Erinnerung an die wunderbare Bewahrung damals gefeiert. Esther (Est 1,2) hat im Palast des Königs in der Stadt Susa gewohnt. Auch Nehemia (Neh 1,1) hat während seiner Laufbahn als Mundschenk einige Zeit dort gelebt.

Ausgrabungen an den Palastanlagen in Susa haben zwei Paläste freigelegt, die Darius I. und Xerxes einerseits und Artaxerxes I. andererseits errichten ließen. Die prachtvollen Bauten aus glasierten Ziegeln bestanden aus großen Höfen, Säulenhallen und den eigentlichen Wohnräumen der Könige. Luxuriöse persische Gold- und Silberarbeiten geben einen Eindruck von der Lebensart der persischen Herrscher in ihrer Residenz in Susa.[268]

Solange die babylonischen Herrscher regierten (Nabonid und Belsazar), war an eine Rückkehr nicht zu denken. Mit dem Jahr 539 v.Chr. aber kam die Wende. Das babylonische Reich wurde von den Medern und Persern überrannt. Sie änderten die Politik ihrer Vorgän-

---

[268] M. Pillet, Le Palais de Darius Ier à Suse, V siecle av. J-C, Paris, 1914. Für farbige Darstellungen siehe: J. Curtis (Hrsg.), Mesopotamia and Iran in the Persian Period, Conquest and Imperialism, 539-331 BC, London 1997, Abb. XII. Für Palastpläne siehe F. Tallon, in: Le Monde de la Bible 106 (sept.-Okt. 1997), S. 48ff. P.O. Harper, J. Amz und P. Tallon, The Royal City of Susa Ancient Near Eastern Treasures in the Louvre, New York, 1992.

ger, erlaubten eine Rückkehr Israels in mehreren Wellen und genehmigten sogar die Wiedererrichtung des Tempels (Esr 1,1-4).[269] Sowohl Kyros als auch sein Nachfolger im Amt Darius (Esr 6,2-12) standen mit den Rückkehrern in brieflichem Kontakt. Einige dieser Briefe sind im Buch Esra erhalten. Im biblischen Originaltext werden sie sogar in der damals unter Diplomaten üblichen aramäischen Sprache wiedergegeben (Esr 4,8-6,18; 7,12-26). Sie spiegeln die Probleme, denen die Rückkehrer gegenüberstanden, anschaulich wider.

Die Rückkehr des Volkes Israel hat sich in drei Wellen vollzogen: Die erste Welle (unter der Leitung von Serubbabel) fand im Jahr 538 v.Chr. statt. Die zweite Welle schloss sich (unter Esras Leitung) zwischen 458-456 v.Chr. an. Die dritte Welle folgte dann im Jahr 445 v.Chr. unter der Leitung von Nehemia.

Mit Esra, dem Priester, tritt die Person auf den Plan, die für die Zeit des Neuanfangs in besonderer Weise prägend gewesen ist. Esra ist etwa im Jahr 458 v.Chr. mit der zweiten Welle der Rückkehrer nach Jerusalem gekommen. Gemeinsam mit Nehemia hat er für einen soliden, auf dem Wort Gottes gegründeten Neuanfang im Land Israel gesorgt. Esra hat als Erstes den Wiederaufbau des Tempels in Angriff genommen (Esr 3-6) und eine tiefgehende Bußbewegung im Volk Israel ausgelöst (Neh 8-10). Von einer hölzernen Kanzel aus hat er damals aus der Thora, den Fünf Büchern Mose, vorgelesen (Neh 8,1-4.9) und in dieser historischen Stunde die geistlichen Grundlagen für den Neuanfang gelegt.

---

[269] Kitchen, Das Alte Testament, S. 95.

Nehemia stand dann vor der Aufgabe, zunächst die Stadtmauern Jerusalems und danach die Stadt selbst wiederaufzubauen. Wie Esra hatte auch Nehemia mit erheblichen Widerständen zu kämpfen. Im Wesentlichen musste er sich mit drei Gegnern auseinandersetzen: mit Sanballat, dem Statthalter in der Provinz Samaria, Tobija, einem Ammoniter aus dem Osten, und Geschem, einem Araber aus dem Süden (Neh 2,19).

Sanballat taucht in Papyri aus dem Wadi ed-Daliye als Sanballat I. auf.[270]

Tobija gehörte zur Dynastie der Tobijaden. Sein Name findet sich in Grabhöhlen bei 'Iraq el-Amir, wo er in »großen aramäischen Buchstaben« eingraviert ist.[271]

Geschem war aller Wahrscheinlichkeit nach König von Kedar in Nordwestarabien. Eine Silberschale, die im östlichen Nildelta gefunden wurde, trägt die aramäische Aufschrift: »Was Qaynu, Sohn des Geschem, König von Kedar«.[272]

Alle drei Haupt-Widersacher Nehemias sind also eindeutig historisch verbürgt. Dies ist umso erstaunlicher, weil sowohl Sanballat als auch Tobija und Geschem im Vergleich zu den persischen Herrschern eher als Randfiguren anzusehen sind.[273]

---

[270] A. E. Cowley, Aramaic Papyri of the Foffth Century bc, Oxford 1923, Nr. 30f, S. 108-122.

[271] Stern, Encyclopedia, Bd. 2, S. 647 mit Farbtafel S. 696f., S. 646-649. / Flavius Josephus, Jüdische Altertümer 12, S. 230-233.

[272] J. J. Rabinowitz in: Journal of Near Eastern Studies 15, Chicago 1956, S. 1-9. K. A. Kitchen, Documentation for Ancient Arabia I, Liverpool 1994, S. 49f.

[273] Kitchen, Das Alte Testament, S. 98.

TEIL V: Die Bücher der Propheten

1. Grundinformationen zu den Propheten

1.1. Wer waren die Propheten?

Die Entstehung des Alten Testaments ist ohne die Wirkung der Propheten völlig undenkbar. Sie waren für die Geschichte des Volkes Israel von grundlegender Bedeutung. Wer die Entstehung des Alten Testaments verstehen will, muss darum wenigstens eine ungefähre Vorstellung davon bekommen, wer die Propheten waren.

»Prophet« (hebräisch: *nabi*) heißt einfach »Berufener«. Grundsätzlich hatten diese »Berufenen« vor allem vier Aufgaben:

1. Die Propheten hatten die Aufgabe, das Volk Gottes zu ermutigen. Immer wieder haben sie das getan. Sie ermutigten das Volk und seine Regenten, auf den lebendigen Gott zu vertrauen und nicht auf eigenes Können, eigene Kraft oder menschliche Verbündete. Die Propheten waren Ermutiger, die – gerade auch in sehr kritischen Lagen – dazu aufriefen, sich ganz auf die bewahrende und befreiende Kraft Gottes zu verlassen. Die Grundlage ihrer Verkündigung war immer die Thora, das Gesetz, die Fünf Bücher Mose.[274]

2. Die Propheten hatten auch die Aufgabe, das Volk Gottes zu ermahnen. Aus der Thora wussten sie, dass Wohl und Wehe des Volkes von seiner Treue zu dem

---

[274] Zur Rolle der Mose-Offenbarung in der Verkündigung der Propheten siehe die Teil V, 1.2. bis 1.5.

Bund abhing, den Gott mit ihnen am Berg Sinai geschlossen hatte. Sie erinnerten darum das Volk Israel immer wieder daran, dass zu einem echten Vertrauen auf Gott auch ein Leben in der Heiligung gehört. Die Propheten packten die heißesten Eisen an: Götzendienst, für den das Volk Israel viele Jahrhunderte hindurch anfällig blieb, – die Propheten sprachen ihn an. Unterdrückung, Rechtsbeugung, Ausbeutung und Wirtschaftskriminalität – die Propheten legten den Finger darauf. Leere, geistlose Gottesdienste, Prostitution und wüste Verschwendungssucht – die Propheten nannten die Fakten beim Namen. Und wiederum: Die Grundlage ihrer Kritik war die Thora, das Gesetz, die Fünf Bücher Mose. Sehr oft wurden die Propheten wegen ihrer scharfen Kritik massiv angegriffen und auch verfolgt.[275]

3. Die Propheten hatten die Aufgabe, Gottes zukünftiges Handeln anzukündigen und zu erklären. Sie kündigten das Gericht Gottes für den Fall an, dass das Volk Israel nicht umkehren und zu einem echten Vertrauen und Herzensgehorsam Gott gegenüber zurückkehren würde. Im Laufe der Zeit wurden ihre Mahnungen immer konkreter, ernster und drängender. Aber sie kündigten auch an, dass Gott sein Volk nicht aufgeben werde, sondern nach dem Gericht (dem Exil) neu beginnen werde. In diesem Zusammenhang haben sie – allen voran Jesaja – das Kommen des Messias, des Retters Israels und der Welt vorausgesagt. Und noch einmal: Die Grundlage ihrer Zukunftsweissagungen war immer die Thora, das Gesetz, die Fünf Bücher Mose.

4. Die Propheten hatten schließlich auch die Aufgabe,

---

[275] Vgl. dazu zum Beispiel Jeremia 38.

für das Volk Israel vor Gott in der Fürbitte einzutreten (1Sam 7,5-9; 2Kö 19,3-4). Sie übernahmen damit die Aufgabe, die etliche hundert Jahre vorher Mose gehabt hatte (zum Beispiel 2Mo 32,7-14.31-34).

Die Autorität der Propheten und ihrer Botschaft wurde durch ein bis heute einzigartiges Phänomen bestätigt: die Erfüllung ihrer Prophezeiungen. Manchmal traf die Erfüllung prophetischer Voraussagen innerhalb sehr kurzer Zeit ein. So kündigte der Prophet Elischa dem König von Samaria, dessen Stadt belagert und vom Hungertod bedroht war, an, dass der Preis für Mehl binnen 24 Stunden auf ein Minimum fallen werde. Die Prophezeiung erfüllte sich wie angekündigt (2Kö 6,24-7,20).

Es konnte aber auch sein, dass Prophezeiungen erst mittelfristig in Erfüllung gingen. So kündigte Jesaja den Namen des Königs, der Israel aus dem Exil freilassen werde, 150 Jahre vor dessen Thronbesteigung an (Jes 44,7-8.24-28). Bei einigen Prophezeiungen lagen etliche Jahrhunderte zwischen Ankündigung und Erfüllung, zum Beispiel bei den Messiasweissagungen.[276] Gott bestätigte seine Propheten dadurch, dass ihre Vorhersagen sich bis ins Detail erfüllten. Das war darum so wichtig, weil es zu den im Gesetz festgelegten Kennzeichen eines wahren Propheten gehörte, dass seine Botschaft akkurat eintraf.

Die Propheten waren Sprachrohre Gottes, als Israel im verheißenen Land lebte. Sie waren seine Sprachrohre, als Israel ins Exil nach Babylonien verschleppt

---

[276] Siehe dazu Teil V, 3.1. Ausgewählte Prophezeiungen und ihre Erfüllung.

wurde und als es einige Jahrzehnte später zurückkehrte und den Neuanfang im Land Israel wagte. Die Propheten begleiteten das Volk Israel kontinuierlich während seiner gesamten wechselvollen Geschichte.

1.2. Der Prophet Mose

Die Bibel kennt eine ganze Reihe von Propheten von »A« wie Amos bis »Z« wie Zephania. Aber sie stellt *einen* Propheten in besonderer Weise heraus, und das ist der Prophet Mose. Mose ist innerhalb der Bibel unbestritten der Größte unter den Propheten. Man könnte sogar sagen: Alle Propheten des Alten Testaments stehen gewissermaßen auf seinen Schultern. Er ist aber auch ein vergessener Prophet! – Bittet man heute jemanden, Propheten mit Namen zu nennen, dann fallen meist die Namen Jesaja oder Jeremia, Elia oder Daniel. Der Name Mose fällt selten! Mose wird in der Regel nicht in die Rubrik »Prophet« eingeordnet.

Die Bibel urteilt anders. Ganz am Ende des 5. Buches Mose gibt sie ein Gesamturteil über Mose ab, das recht ungewöhnlich ist: Sie würdigt sein Leben und seine Bedeutung für das Volk Gottes und kommt zu folgender Bilanz (5Mo 34,9-12): *»Und es stand hinfort kein Prophet in Israel auf wie Mose, den der Herr erkannt hätte von Angesicht zu Angesicht, mit all den Zeichen und Wundern, mit denen der Herr ihn gesandt hatte, dass er sie täte in Ägyptenland am Pharao und an all seinen Großen und an seinem ganzen Lande, und mit all der mächtigen Kraft und den großen Schreckenstaten, die Mose vollbracht hatte vor den Augen von ganz Israel.«*

153

»Es stand hinfort kein Prophet auf wie Mose ...« Das bedeutet: Mose war beispiellos als Prophet. Alle Propheten, die nach ihm kamen, waren wichtig. Sie waren Berufene Gottes, und sie erfüllten ihre besonderen Aufgaben bei der Vervollständigung von Gottes Offenbarung. Aber an die Größe und Bedeutung von Mose reichte keiner von ihnen heran. Eigentlich gibt es nur einen einzigen, den die Bibel im selben Atemzug mit Mose nennt, und das ist Jesus, der Sohn Gottes. Im 5. Buch Mose findet sich eine der messianischen Weissagungen des Mose. Dort heißt es (5Mo 18,14-18):

»Einen Propheten wie mich wird dir der Herr, dein Gott, erwecken aus dir und deinen Brüdern; dem sollt ihr gehorchen. Ganz so wie du es erbeten hast am Horeb am Tage der Versammlung und sprachst: Ich will hinfort nicht mehr hören die Stimme des Herrn, meines Gottes, und dies große Feuer nicht mehr sehen, damit ich nicht sterbe. Und der Herr sprach zu mir: Sie haben recht geredet. Ich will ihnen einen Propheten, wie du bist, erwecken aus ihren Brüdern und meine Worte in seinen Mund geben; der soll zu ihnen reden alles, was ich ihm gebieten werde.«

Jesus und Mose rücken hier dicht zusammen. Der Messias, so macht diese Prophezeiung deutlich, wird ein Prophet wie Mose sein. Er wird (mindestens) die Größe und Bedeutung von Mose haben, nicht weniger! Schaut man daraufhin ins Neue Testament, stellt man rasch fest, dass exakt diese Prophezeiung dort ausdrücklich bestätigt wird. Johannes 6,1-15 berichtet von der Speisung der 5000. Dort heißt es (Joh 6,14): *»Als nun die Menschen das Zeichen sahen, das Jesus tat, sprachen sie:*

Das ist wirklich der Prophet, der in die Welt kommen soll.« Die Menschen erlebten damals die Brotvermehrung und erinnerten sich an die messianische Prophezeiung aus 5. Mose 18,15. Sie formulierten darum spontan (sinngemäß) so: Jesus ist wirklich der Prophet, den Mose angekündigt hat. Denn Jesus hat (mindestens) die Vollmacht und Größe, die auch Mose hatte.

Auch der Hebräerbrief im Neuen Testament beschäftigt sich mit Jesus und Mose, und nennt beide in einem Atemzug. Allerdings nimmt der Hebräerbrief eine wichtige Abstufung vor. Er sagt: Mose war der *»Hausknecht«*, der treu seine Pflichten im Hause (also im Volk Gottes) erfüllte. Jesus aber ist der *Sohn*, dem das ganze Haus (Volk Gottes) gehört. Und darum ist *er* der Größere von beiden (Hebr 3,1-6): *»Darum, ihr heiligen Brüder, die ihr teilhabt an der himmlischen Berufung, schaut auf den Apostel und Hohenpriester, den wir bekennen, Jesus, der da treu ist dem, der ihn gemacht hat, wie auch Mose in Gottes ganzem Hause. Er ist aber größerer Ehre wert als Mose, so wie der Erbauer des Hauses größere Ehre hat als das Haus. Denn jedes Haus wird von jemandem erbaut; der aber alles erbaut hat, das ist Gott. Und Mose war zwar treu in Gottes ganzem Hause als Knecht, zum Zeugnis für das, was später gesagt werden sollte, Christus aber war treu als Sohn über Gottes Haus. Sein Haus sind wir, wenn wir das Vertrauen und den Ruhm der Hoffnung festhalten.«*

Biblisch gesehen ist Mose der Größte unter den Propheten, sieht man einmal von Johannes dem Täufer ab, der noch einmal eine Sonderrolle einnimmt, weil er auf der Schwelle zum Neuen Testament steht und direkt auf das Kommen des Messias Jesus hingewiesen hat (Mt 11,7-11; Lk 7,24-28). Die Bibel nennt Mose den »treuen Knecht« im Hause Gottes und stellt ihn damit an die Spitze der alttestamentlichen Propheten.

Wenn man in die Bibel hineinschaut, wird auch sofort klar, warum Mose diese besondere Stellung unter den Propheten hat. Eine Begebenheit, die das 4. Buch Mose (4Mo 12,1-10) berichtet, macht es deutlich. Nach der Befreiung aus der Sklaverei in Ägypten durchzog das Volk Israel die Halbinsel Sinai, eine wüste Gegend. Eines Tages begannen zwei wichtige Persönlichkeiten im Volk – Aaron, Moses engster Mitarbeiter, und Miriam, seine Schwester – Moses Vorrangstellung als Prophet in Frage zu stellen. Sie sagten: »*Redet denn der Herr allein durch Mose? Redet er nicht auch durch uns?*« In einer sehr ernsten Anrede korrigierte der lebendige Gott ihre Überheblichkeit (4Mo 12,5-10):

»Da kam der Herr hernieder in der Wolkensäule und trat in die Tür der Stiftshütte und rief Aaron und Miriam, und die gingen beide hin. Und er sprach: Hört meine Worte: Ist jemand unter euch ein Prophet des Herrn, dem will ich mich kundmachen in Gesichten oder will mit ihm reden in Träumen. Aber so steht es nicht mit meinem Knecht Mose; ihm ist mein ganzes Haus anvertraut. Von Mund zu Mund rede ich mit ihm, nicht durch dunkle Worte oder Gleichnisse, und er sieht den Herrn in seiner Gestalt. Warum habt ihr euch denn nicht gefürchtet, gegen meinen Knecht Mose zu reden. Und der Zorn des Herrn entbrannte gegen sie, und er wandte sich weg; ... Und siehe, da war Miriam aussätzig wie Schnee.«

Eindrucksvoll wird hier Moses Vorrangstellung als Prophet unterstrichen: Zu den anderen Propheten redet er in Visionen, Träumen, dunklen Worten oder Gleichnissen, heißt es. Aber mit Mose, dem Propheten, redet Gott von Angesicht zu Angesicht. Mose ist also nicht ein Prophet unter vielen, sondern er hat eine herausgehobene Position. Wie ernst es Gott damit ist, wird daran deutlich, dass Miriam als Konsequenz ihres Vorstoßes den Ausbruch der Lepra am eigenen Leib erlebt, genau wie einige hundert Jahre später König Usia von Juda, als er sich Befugnisse des Priesterdienstes anmaßte (2Chr 26,16-20).

Gottes Beziehung zu Mose war eine besondere Beziehung: *»Der Herr aber redete mit Mose von Angesicht zu Angesicht, wie ein Mann mit seinem Freunde redet«*, heißt es in 2. Mose 33,11. Im 2. Buch Mose (2Mo 34,29-3) wird das veranschaulicht. Dort heißt es: *»Als nun Mose vom Berge Sinai herabstieg, hatte er die zwei Tafeln des Gesetzes in seiner Hand und wusste nicht, dass die Haut seines Angesichts glänzte, weil er mit Gott geredet hatte. Als aber Aaron und ganz Israel sahen, dass die Haut seines Angesichts glänzte, fürchteten sie sich, ihm zu nahen.«* Kein anderer der Propheten hat jemals wieder eine so exklusive Stellung Gott gegenüber eingenommen. Mose war einzigartig darin.

Einzigartig war auch die Offenbarung, die er von Gott bekam. Sie war grundlegend. So grundlegend, wie sie kein Prophet nach ihm je wieder bekommen hat. Und das bedeutet: Er hatte auch eine einzigartige Verantwortung. Er musste nämlich aus einer ziemlich bunten und reichlich chaotischen Menge das Volk Gottes formen, eine Kontrastgemeinschaft, die mit völlig anderen Maßstäben lebte, als die Völker ringsum.

Im Wesentlichen sind es drei Dinge, die Mose von Gott als Offenbarung bekam: 1. den *Bund* Gottes mit dem Volk Israel; 2. die *Maßstäbe* Gottes für das Volk Israel; 3. die *Zukunft* Gottes mit dem Volk Israel.

Der Bund Gottes mit dem Volk Israel ist das Erste, was Mose von Gott als Offenbarung bekam. Dieser Bund ging allein und vollständig auf Gottes Initiative zurück. Gott traf eine Entscheidung für das an sich ganz unbedeutende Volk Israel und machte es zu seinem Eigentum. Er schloss einen Bund, der beide – ihn und sein Volk – zu einer Einheit, zu einem »Gespann« machte. Gott verpflichtete sich, exklusiv der Gott dieses Volkes zu sein. Er erwartete umgekehrt, dass dieses Volk exklusiv sein Volk sein würde. Der Bund Gottes mit dem Volk Israel hatte also zwei Seiten: Gott verpflichtete sich seinem Volk Israel. Das Volk Israel verpflichtete sich umgekehrt seinem Gott.

Im zweiten Buch Mose (2Mo 19,3-6; vgl. 5Mo 29,8-14) heißt es: »*Und Mose stieg hinauf zu Gott. Und der Herr rief ihm vom Berge zu und sprach: So sollst du sagen zu dem Hause Jakob und den Israeliten verkündigen: Ihr habt gesehen, was ich mit den Ägyptern getan habe und wie ich euch getragen habe auf Adlerflügeln und euch zu mir gebracht. Werdet ihr nun meiner Stimme gehorchen und meinen Bund halten, so sollt ihr mein Eigentum sein vor allen Völkern; denn die ganze Erde ist mein. Und ihr sollt mir ein Königreich von Priestern und ein heiliges Volk sein.*«

Den Bund Gottes zu halten, bedeutete für das Volk Israel konkret, nach den Maßstäben Gottes zu leben. Die Maßstäbe Gottes waren das Zweite, das Mose als Offenbarung bekam. Diese Maßstäbe Gottes setzten einen Standard. Sie entsprachen dem Charakter Gottes, waren also Maßstäbe, die die Heiligkeit Gottes widerspiegelten und demnach eine doppelte Funktion hatten. Zum einen sollten sie Gottes Volk ermöglichen, in Heiligkeit zu leben und so den Bund mit Gott zu halten. Zum anderen machten sie das Volk Gottes zu einer Kontrastgemeinschaft, die unter den anderen Völkern wegen ihres völlig anderen Lebensstils auffallen und so zum Hinweis auf den lebendigen Gott werden sollte. Die Zehn Gebote fassten den Willen Gottes für sein Volk eindrücklich zusammen. Im zweiten Buch Mose (2Mo 20,1-6) heißt es darum:

»Ich bin der Herr, dein Gott, der ich dich aus Ägyptenland, aus der Knechtschaft geführt habe. Du sollst keine anderen Götter haben neben mir. Du sollst dir kein Bildnis noch irgendein Gleichnis machen, weder von dem, was oben im Himmel, noch von dem, was unten auf Erden, noch von dem, was im Wasser unter der Erde ist. Bete sie nicht an und diene ihnen nicht! Denn ich, der Herr, dein Gott, bin ein eifernder Gott, der die Missetat der Väter heimsucht bis ins dritte und vierte Glied an den Kindern derer, die mich hassen, aber Barmherzigkeit erweist an vielen Tausenden, die mich lieben und meine Gebote halten.«

Der Bund Gottes mit seinem Volk und die Maßstäbe Gottes für sein Volk waren kein Selbstzweck. Sie waren wichtig für die Zukunft. Das Dritte, was Mose als

Offenbarung von Gott bekam, hatte darum mit der Zukunft Gottes für sein Volk zu tun. An dieser Stelle taucht nun ein wichtiger Begriff auf, der die Zukunft Gottes mit seinem Volk zusammenfasst: Der Begriff heißt »Ruhe« (hebr. *menuchah*) und beschreibt das Ziel Gottes für sein Volk. Dieses Ziel sieht so aus, dass Israel sicher in seinem von Gott versprochenen Land wohnt, Ruhe hat vor allen Feinden ringsum und seinem Gott als ein heiliges Volk dient.

Kurz vor der Einnahme des verheißenen Landes hat Mose seinem Volk dieses Ziel klassisch vor Augen gemalt. Er sagte (5Mo 12,9-10): *»Ihr seid bisher noch nicht zur Ruhe und zu dem Erbteil gekommen, das dir der Herr, dein Gott, geben wird. Ihr werdet aber über den Jordan gehen und in dem Lande wohnen, das euch der Herr, euer Gott, zum Erbe austeilen wird, und er wird euch Ruhe geben vor allen euren Feinden um euch her und ihr werdet sicher wohnen.«*

Jetzt wird auch klar, warum die Sabbat-Ruhe so wichtig war in Israel. Sie war ein Sinnbild für das Ziel und die Zukunft Gottes in seinem Volk. Sehr schön kommt das an einer Stelle im 2. Buch Mose (2Mo 31,13.15.17) zum Ausdruck. Dort heißt es:

»Sage den Israeliten: Haltet meinen Sabbat; denn er ist ein Zeichen zwischen mir und euch von Geschlecht zu Geschlecht, damit ihr erkennt, dass ich der Herr bin, der euch heiligt. ... Sechs Tage soll man arbeiten, aber am siebenten Tag ist Sabbat, völlige Ruhe, heilig dem Herrn. Wer eine Arbeit tut am Sabbat, soll des Todes sterben. ... Er ist ein ewiges Zeichen zwischen mir und den Israeliten. Denn in sechs Tagen machte der Herr

Himmel und Erde, aber am siebten Tage ruhte er und erquickte sich.«

Ruhe war das Ziel Gottes nach der Schöpfung. Ruhe ist das Ziel, das er für sein Volk hat. Die Ruhe am Sabbat erinnert an beides. Auch darum wurde an der Einhaltung des Sabbats sehr oft die Treue des Volkes Israel zu seinem Gott gemessen.

Die Zukunft Gottes mit seinem Volk war aber ausdrücklich an eine Bedingung gebunden. Die versprochene Ruhe war gebunden an den Gehorsam, also das Halten der Gebote. Israel würde die Ruhe erleben und gesegnet sein, wenn es der Stimme Gottes gehorchte. Israel würde die Ruhe nicht erleben und verflucht sein, wenn es der Stimme Gottes nicht gehorchte. Segen oder Fluch, Ruhe oder Sturm waren gebunden an die Treue zu Gottes Bund und zu seinen Maßstäben. Sehr deutlich hat Mose das angekündigt (5Mo 28,1-6.15-19.23-24.49-50.64).

(1-6): *»Wenn du nun der Stimme des Herrn, deines Gottes, gehorchen wirst, dass du hältst und tust alle seine Gebote, die ich dir heute gebiete, so wird dich der Herr, dein Gott, zum höchsten über alle Völker auf Erden machen, und weil du der Stimme des Herrn, deines Gottes, gehorsam gewesen bist, werden über dich kommen und dir zuteil werden alle diese Segnungen: Gesegnet wirst du sein in der Stadt, gesegnet wirst du sein auf dem Acker. Gesegnet wird sein die Frucht deines Leibes, der Ertrag deines Ackers und die Jungtiere deines Viehs, deiner Rinder und deiner Schafe. Gesegnet wird sein dein Korb und dein Backtrog. Gesegnet wirst du sein bei deinem Eingang und gesegnet bei deinem Ausgang. ...«*

(15-19): »*Wenn du aber nicht gehorchen wirst der Stimme des Herrn, deines Gottes, und wirst nicht halten und tun alle seine Gebote und Rechte, die ich dir heute gebiete, so werden alle diese Flüche über dich kommen und dich treffen: Verflucht wirst du sein in der Stadt, verflucht wirst du sein auf dem Acker. Verflucht wird sein dein Korb und dein Backtrog. Verflucht wird sein die Frucht deines Leibes, der Ertrag deines Ackers, das Jungvieh deiner Rinder und Schafe. Verflucht wirst du sein bei deinem Eingang und verflucht bei deinem Ausgang. ...*«

(23-24): »*Der Himmel, der über deinem Haupt ist, wird ehern werden und die Erde unter dir eisern. Statt des Regens für dein Land wird der Herr Staub und Asche auf dich geben, bis du vertilgt bist. ...*«

(49-50): »*Der Herr wird ein Volk über dich schicken von ferne, vom Ende der Erde, wie ein Adler fliegt, ein Volk, dessen Sprache du nicht verstehst, ein freches Volk, das nicht Rücksicht nimmt auf die Alten und die Jungen nicht schont. ...*«

(64): »*Und der Herr wird dich zerstreuen unter alle Völker von einem Ende der Erde bis ans andere, und du wirst dort anderen Göttern dienen, die du nicht kennst noch deine Väter: Holz und Steinen.*«

Aber das ist noch nicht alles. Der Blick in die Zukunft öffnet sich noch weiter! Mose kündigt an: Selbst, wenn der schlimmste Fall eintritt; selbst, wenn das Volk Israel Gott nicht gehorcht und so den Fluch Gottes auf sich zieht; selbst wenn es tatsächlich zerstreut wird unter die Völker der Erde, auch dann ist noch nicht alles verloren! Denn Gott ist treu. Er hält an seinem Bund fest. Er wird noch einmal neu anfangen mit seinem Volk.

5. Mose 30,1-3: *»Wenn nun dies alles über dich kommt, sei es der Segen oder der Fluch, die ich dir vorgelegt habe, und du es zu Herzen nimmst, wenn du unter den Heiden bist, unter die dich der Herr, dein Gott, verstoßen hat, und du dich bekehrst zu dem Herrn, deinem Gott, dass du seiner Stimme gehorchst du und deine Kinder, von ganzem Herzen und ganzer Seele in allem, was ich dir heute gebiete, so wird der Herr, dein Gott, deine Gefangenschaft wenden und sich deiner erbarmen und wird dich wieder sammeln aus allen Völkern, unter die dich der Herr, dein Gott, verstreut hat.«*

5. Mose 4,31: *»Denn der Herr, dein Gott, ist ein barmherziger Gott; er wird dich nicht verlassen noch verderben, wird auch den Bund nicht vergessen, den er deinen Vätern geschworen hat.«*

Gottes Offenbarung an Mose umfasste drei sehr entscheidende Dinge: Als Erstes den Bund Gottes mit seinem Volk. Das war die Grundlage. Als Zweites die Maßstäbe Gottes für sein Volk. Die regelten das tägliche Leben. Als Drittes schließlich die Zukunft Gottes mit seinem Volk. Sie stellte das Volk Gottes vor eine klare Alternative: »Ruhe« oder Sturm. Segen oder Fluch. Aber selbst der eingetretene Fluch würde nicht endgültig das Ende sein. Gottes Treue würde auch dann noch einmal einen Neuanfang setzen. Gottes Offenbarung blickte also weit in die Zukunft hinaus. Selbst der Messias, der bei den anderen Propheten eine so wichtige Rolle spielt, wird in den Mosebüchern angekündigt: *»Ich sehe ihn«*, heißt es in 4. Mose 24,17, *»aber nicht jetzt; ich schaue ihn, aber nicht von nahem. Es wird ein*

Stern aus Jakob aufgehen und ein Zepter aus Israel aufkommen und wird zerschmettern die Schläfen der Moabiter und den Scheitel der Söhne Sets.«

Gottes Offenbarung an Mose gab die Grundlage vor, auf der sich das Leben und das Schicksal des Volkes Israel abspielen würde: Alles, was für das Leben und den Weg des Volkes Gottes durch die Jahrhunderte hindurch wichtig werden würde, in Gottes Offenbarung an Mose ist alles schon da. Natürlich haben die Propheten nach Mose vieles sehr viel genauer, ausführlicher und konkreter gesagt. Natürlich haben die Propheten nach Mose vieles gesagt, was neu war und so bei Mose nicht zu finden ist. Aber die Grundlage, die von Gott durch Mose gelegt wurde, hat keiner der Propheten verlassen. Sie haben auf der Grundlage, die Gott ihnen durch Mose vorgegeben hatte, ihren Dienst als Propheten Gottes getan. Es verwundert darum nicht, dass Gott ausdrücklich anordnet, dass alle Propheten, die nach Mose kommen, mit der Mose-Offenbarung übereinstimmen müssen. Gott sagt, selbst wenn ein Prophet auftritt, und erstaunliche Zeichen und Wunder tut, aber Dinge lehrt, die nicht mit Gottes Offenbarung an Mose übereinstimmen, soll das Volk Gottes ihm nicht folgen.

5. Mose 13,1- 6a: *»Alles, was ich euch gebiete, sagt Gott, das sollt ihr halten und danach tun. Ihr sollt nichts dazutun und nichts davon wegtun. Wenn ein Prophet oder Träumer unter euch aufsteht und dir ein Zeichen oder Wunder ankündigt und das Zeichen oder Wunder trifft ein, von dem er dir gesagt hat, und er spricht: Lass uns andern Göttern folgen, die ihr nicht kennt, und ihnen dienen, so sollst du nicht gehorchen den Worten*

eines solchen Propheten oder Träumers; denn der Herr,
euer Gott, versucht euch, um zu erfahren, ob ihr ihn von
ganzem Herzen und von ganzer Seele lieb habt. Dem
Herrn, eurem Gott sollt ihr folgen und ihn fürchten und
seine Gebote halten und seiner Stimme gehorchen und
ihm dienen und ihm anhangen. Der Prophet aber oder
der Träumer soll sterben.«

Mose legte also die Grundlage der Offenbarung
Gottes. Darum wird er auch der größte Prophet Gottes
genannt. Die anderen Propheten wirkten auf dieser
Grundlage weiter. Und so wurde Gottes Offenbarung im
Alten Testament im Laufe der Jahrhunderte Stück für
Stück vervollständigt. Als sie abgeschlossen war, ging
die große Zeit der Propheten zu Ende. Das war etwa vier
Jahrhunderte vor Jesu Geburt der Fall. Mit Maleachi,
dem letzten Propheten des Alten Testaments, wurde
Gottes Offenbarung zunächst abgeschlossen. Nach ihm
hat es dann bis zum Auftreten Johannes, des Täufers
keinen weiteren Propheten mehr gegeben.

Damit ist klar: Alle Propheten des Alten Testaments
haben eine enge Verbindung zu Mose, dem größten
Propheten. All die Themen, die bei Mose eingeführt
werden, tauchen auch bei ihnen in irgendeiner Weise
wieder auf. Nie verlassen sie die Grundlage, die Gott
durch Mose vorgegeben hatte. Drei Propheten aus drei
verschiedenen Jahrhunderten sollen das veranschauli-
chen: Der Prophet Amos (Mitte des 8. Jahrhunderts
v.Chr.), der Prophet Jeremia (7./6. Jahrhundert v.Chr.)
und schließlich der Prophet Maleachi (Mitte des 5.
Jahrhunderts v.Chr.).

1.3. Mose und der Prophet Amos

Bereits bei dem Propheten Amos wird deutlich, was für alle Propheten des Alten Testaments gilt: Ihre Prophezeiungen waren nicht einfach etwas total Neues. Die Propheten gaben Gottes Wort an Menschen weiter, die unter ganz anderen Lebensbedingungen lebten, als die Israeliten früherer Jahrhunderte. Dabei blieb aber immer die Grundlage maßgeblich, die Gott durch seinen größten Propheten, Mose, vorgegeben hatte. Die Propheten ergänzten und vervollständigten Stück für Stück Gottes Offenbarung im Alten Testament. Sie sagten auch manches Neue (insbesondere was den von Gott verheißenen Retter, den Messias betraf). Immer wieder aber schimmerte Gottes Offenbarung an Mose in ihrer Verkündigung durch.

Interessant ist nun, dass der lebendige Gott bei der Inspiration seiner Propheten deren Wissen, Beobachtungsgabe und Ausdrucksvermögen durchaus benutzen konnte. Das heißt: Das, was die Propheten zu ihren jeweiligen irdischen Lebzeiten um sich herum im gesellschaftlichen Leben des Volkes Israel beobachteten und wahrnahmen, wurde nicht selten von Gott gebraucht und in Dienst genommen, als er durch Jahrhunderte hindurch seinen Propheten sein Wort an sein Volk Israel eingab.

Der Prophet Amos schreibt (Am 3,1-2): *»Hört, was der Herr wider euch redet, ihr Israeliten, wider alle Geschlechter, die ich aus Ägyptenland geführt habe: Aus allen Geschlechtern habe ich allein euch erkannt.«*
Amos präsentiert hier die Tatsache, dass Gott Israel

aus allen Völkern erwählt hat. Besonders interessant ist aber, wie der Satz endet. Amos fährt fort: *»Darum will ich auch an euch heimsuchen all eure Sünde«* (Am 3,2). Bisher hatte das Volk Israel mit der Erwählung Gottes immer nur den Schutz und die Fürsorge Gottes in Verbindung gebracht. Jetzt sagt Amos ihnen etwas Neues. Er zeigt: Die Erwählung durch Gott kann auch Gericht bedeuten, wenn das Volk Gottes aus dem Bund ausbricht.

Amos liefert dann auch gleich die Begründung für seine Ankündigung. Er weist darauf hin, an welchen Stellen das Volk Israel die Maßstäbe Gottes missachtet und gebrochen hat (Am 2,4-8): *»So spricht der Herr: Um drei, ja um vier Frevel willen derer von Juda will ich sie nicht schonen, weil sie des Herrn Gesetz verachten und seine Ordnungen nicht halten und sich von Lügengötzen verführen lassen, denen ihre Väter nachgefolgt sind, sondern ich will ein Feuer nach Juda schicken, das soll die Paläste von Jerusalem verzehren. So spricht der Herr: Um drei, ja um vier Frevel willen derer von Israel will ich sie nicht schonen, weil sie die Unschuldigen für Geld und die Armen für ein paar Schuhe verkaufen. Sie treten den Kopf der Armen in den Staub und drängen die Elenden vom Weg. Sohn und Vater gehen zu demselben Mädchen, um meinen heiligen Namen zu entheiligen.«*

Man kann sich vorstellen, dass Amos in seiner Heimatstadt Tekoa mehr als einmal mitansehen musste, wie Arme wegen eines Paar Schuhe in die Sklaverei verkauft wurden oder wie Vater und Sohn dieselbe Prostituierte besuchten. Seine Botschaft wendet nun die

Zehn Gebote an, die Maßstäbe Gottes aus der Offenbarung Gottes an Mose! Im Einzelnen sind es diese Gebote[277]: Das erste Gebot: Du sollst keine anderen Götter neben mir haben!, das siebte Gebot: Du sollst nicht stehlen!, das zehnte Gebot: Du sollst nicht begehren!, und das sechste Gebot: Du sollst nicht ehebrechen. Ganz genauso verhält es sich auch in Amos 8,4-7: Dort geht es um das achte Gebot: Du sollst nicht falsch Zeugnis reden! und um das dritte Gebot: Du sollst den Feiertag heiligen!

»Höret dies, die ihr die Armen unterdrückt und die Elenden im Land zugrunde richtet und sprecht: Wann will denn der Neumond ein Ende haben, dass wir Getreide verkaufen, und der Sabbat, dass wir Korn feilhalten können und das Maß verringern und den Preis steigern und die Waage fälschen, damit wir die Armen um Geld und die Geringen um ein Paar Schuhe in unsere Gewalt bringen und Spreu für Korn verkaufen? Der Herr hat bei sich, dem Ruhm Jakobs geschworen: Niemals werde ich diese ihre Taten vergessen!« (Am 8,4-7).

Das Besondere der Botschaft des Amos besteht darin, dass sie die Maßstäbe Gottes auf die Menschen des 8. Jahrhunderts in Israel anwendet. Aber damit nicht genug! Amos Botschaft geht sogar noch einen Schritt weiter! Sie stellt fest: Das Volk Gottes hat den Bund nicht eingehalten, und darum wird aus der Möglichkeit des Fluches jetzt eine Tatsache. Der Fluch hat schon

---

[277] Bei der Numerierung der Gebote wird hier die lutherische Zählung der Gebote (Kl. Katechismus Martin Luthers) zugrundegelegt.

begonnen zu wirken: Der Regen bleibt aus. Das Land vertrocknet. Mose hatte gesagt: Wenn das Volk Israel den Bund mit Gott nicht einhalten werde, dann würde der Fluch Gottes wirksam werden, und dann würde unter anderem das Land verdorren und der Regen ausbleiben. Bei Mose war das nur eine Möglichkeit gewesen. Aus der Möglichkeit wird nun aber eine feste Gewissheit. Amos kündigt an:

»Der Herr wird aus Zion brüllen und seine Stimme aus Jerusalem hören lassen, dass die Auen der Hirten vertrocknen werden und der Karmel oben verdorren wird« (Am 1,2).

»Ich habe euch den Regen vorenthalten, als noch drei Monate waren bis zur Ernte, und ich ließ regnen über eine Stadt, und auf die andere Stadt ließ ich nicht regnen, ein Acker wurde beregnet, und der andere Acker, der nicht beregnet wurde, verdorrte. Und es zogen zwei, drei Städte zu einer Stadt, um Wasser zu trinken, und konnten nicht genug finden. Dennoch bekehrt ihr euch nicht zu mir, spricht der Herr. Ich plagte euch mit dürrer Zeit und mit Getreidebrand; auch fraßen die Raupen alles, was in euren Gärten und Weinbergen, auf euren Feigenbäumen und Ölbäumen wuchs; dennoch bekehrt ihr euch nicht zu mir, spricht der Herr« (Am 4,7-9).

Die Botschaft des Amos macht deutlich: Gott ist souverän. Wenn sein Volk den Bund bricht, dann lässt er den angekündigten Fluch wirksam werden. Begonnen hat das schon, und es wird sich noch verstärken. Das Volk Israel wird weggeschleppt und aus dem Land vertrieben werden, ganz so, wie Mose es gesagt hatte.

Bei Mose war es nur eine Möglichkeit gewesen. Jetzt aber wird daraus eine klare Gewissheit (Am 4,1-3): *»Höret dies Wort, ihr fetten Kühe, die ihr auf den Bergen Samarias seid und den Geringen Gewalt antut und schindet die Armen und sprecht zu euren Herren: Bringt her, lasst uns saufen! Gott, der Herr, hat geschworen bei seiner Heiligkeit: Siehe, es kommt die Zeit über euch, dass man euch herausziehen wird mit Angeln und, was von euch übrigbleibt, mit Fischhaken. Und ihr werdet zu den Mauerlücken hinaus müssen, eine jede vor sich hin, und zum Hermon weggeschleppt werden, spricht der Herr.«*

Die Worte des Amos öffnen den Blick für die Zukunft. Sie machen klar, dass der Fluch Gottes jetzt wirksam werden wird, so wie Mose es im Allgemeinen angekündigt hatte. Allerdings bleiben sie dabei nicht stehen. Sie verweisen auch, wie Mose, auf eine Zukunft jenseits des Unheils. Amos kündigt die Rückkehr des Volkes Israel an (Am 9,11.13.14):

»Zur selben Zeit will ich die zerfallene Hütte Davids wieder aufrichten und ihre Risse vermauern und, was abgebrochen ist, wieder aufrichten und will sie bauen, wie sie vorzeiten gewesen ist. ... Siehe, es kommt die Zeit, spricht der Herr, dass man zugleich ackern und ernten, zugleich keltern und säen wird. Und die Berge werden von süßem Wein triefen, und alle Hügel werden fruchtbar sein. Denn ich will die Gefangenschaft meines Volkes Israel wenden, dass sie die verwüsteten Städte wieder aufbauen und bewohnen sollen, dass sie Weinberge pflanzen und Wein davon trinken, Gärten anlegen und Früchte daraus essen.«

Die Botschaft des Amos wendet die Maßstäbe Gottes auf die Menschen des 8. Jahrhunderts v.Chr. in Israel an. Sie konkretisiert dabei und spitzt zu, bewegt sich aber immer auf der Grundlage, die Gottes Offenbarung an Mose vorgegeben hat.

1.4. Mose und der Prophet Jeremia

Ganz ähnlich verhält es sich auch bei dem Propheten Jeremia. Jeremia wirkte im Süden des Landes Israel (kurz Juda genannt). Auch in seiner Verkündigung kommt immer wieder die Grundlage zum Tragen, die der lebendige Gott durch Mose vorgegeben hatte: der Bund Gottes mit Israel. Jeremia 11,1-5: *»Dies ist das Wort, das zu Jeremia geschah vom Herrn: Höret die Worte dieses Bundes, dass ihr sie den Leuten in Juda und den Bürgern von Jerusalem sagt! Und sprich zu ihnen: So spricht der Herr, der Gott Israels: Verflucht sei, wer nicht gehorcht den Worten dieses Bundes, die ich euren Vätern gebot an dem Tage, als ich sie aus Ägyptenland führte, aus dem glühenden Ofen und sprach: Gehorcht meiner Stimme und tut, wie ich euch geboten habe, so sollt ihr mein Volk sein, und ich will euer Gott sein, damit ich den Eid halten kann, den ich euren Vätern geschworen habe, ihnen ein Land zu geben, darin Milch und Honig fließt, so wie es heute ist. ...«*

Jeremia 11,9-11: *»Und der Herr sprach zu mir: Ich weiß sehr wohl, wie sie in Juda und in Jerusalem sich verschworen haben. Sie kehren zurück zu den Sünden ihrer Väter, die vor ihnen waren und die meinen Worten auch nicht gehorchen wollten und anderen Göttern* *nachfolgten und ihnen dienten. So hat auch das Haus Israel und das Haus Juda meinen Bund gebrochen, den ich mit ihren Vätern geschlossen habe. Darum, siehe, spricht der Herr, ich will Unheil über sie kommen lassen, dem sie nicht entgehen sollen; und wenn sie zu mir schreien, will ich sie nicht hören.«*

Genau wie Amos macht Jeremias Botschaft den Bewohnern des Südens Israels deutlich: Gott ist souverän. Wenn das Volk Gottes den Bund bricht, dann greift der Fluch Gottes, wie Mose es angekündigt hat. Genau wie bei Amos wird auch bei Jeremia diese Anklage durch die Zehn Gebote begründet. Auch Jeremias Verkündigung greift auf die Offenbarung Gottes an Mose zurück (Jer 9,1-5):

»Ach, da ich eine Herberge hätte in der Wüste, so wollte ich mein Volk verlassen und von ihnen ziehen! Denn es sind lauter Ehebrecher und ein treuloser Haufe (1. Gebot)[278]. *Sie schießen mit ihren Zungen lauter Lüge und keine Wahrheit* (8. Gebot) *und treiben's mit Gewalt im Lande und gehen von einer Bosheit zur anderen* (5. Gebot), *mich aber achten sie nicht, spricht der Herr* (1. Gebot). *Ein jeder hüte sich vor seinem Freunde und traue seinem Bruder nicht; denn ein Bruder überlistet den anderen und ein Freund verleumdet den anderen* (8. Gebot). *Ein Freund täuscht den andern, sie reden kein wahres Wort; sie haben sich daran gewöhnt, dass einer den anderen betrügt. Sie freveln, und es ist ihnen leid umzukehren.*

---

[278] Bei der Zählung der Gebote wird im Folgenden die lutherische Zählung der Gebote (Kl. Katechismus Martin Luthers) zugrundegelegt.

Es ist allenthalben nichts als Trug unter ihnen (8. Gebot), *und vor lauter Trug wollen sie mich nicht kennen, spricht der Herr* (1. Gebot).«

Auch Jeremia kündigt an, dass der Fluch Gottes jetzt wirksam werden wird. Genau wie bei Amos ist das Eintreten von Gottes Fluch bei ihm nicht mehr nur eine Möglichkeit (wie bei Mose), sondern Gewissheit. Jeremia wird dabei sehr konkret. Der Feind kommt aus dem Norden und bringt Unheil, kündigt Jeremia an (Jer 4,6). *»Richtet in Zion ein Fluchtzeichen auf; flieht und säumet nicht! Denn ich bringe von Norden Unheil herzu und großen Jammer.«* Auch den Zeitraum, in dem das Unheil kommen wird, benennt Jeremia konkret (Jer 16,9): *»Denn so spricht der Herr Zebaoth, der Gott Israels: Siehe, ich will an diesem Ort vor euren Augen und zu euren Lebzeiten ein Ende machen dem Jubel der Freude und Wonne, der Stimme des Bräutigams und der Braut.«*

Noch genauer präzisiert Jeremia 21,4-7. Dort werden konkrete Namen genannt. Jeremia kündigt an, dass der Feind aus dem Norden Nebukadnezar ist mit dem Volk der Babylonier. König Zedekia, dem König Judas, kündigt er an, dass dieser in die Hände Nebukadnezars fallen wird. Jeremia kündigt sogar an, wie lange das Unheil dauern wird, das Gott herbeiführen wird (Jer 25,8-11): *»Darum spricht der Herr Zebaoth: Weil ihr denn meine Worte nicht hören wollt, siehe, so will ich ausschicken und kommen lassen alle Völker des Nordens, spricht der Herr, auch meinen Knecht Nebukadnezar, den König von Babel, und will sie bringen über dieses Land und über seine Bewohner und über alle*

diese Völker ringsum und will an ihnen den Bann
vollstrecken und sie zum Bild des Entsetzens und zum
Spott und zur ewigen Wüste machen ... so dass dieses
ganze Land wüst und zerstört liegen soll. Und diese
Völker sollen dem König von Babel dienen siebzig
Jahre.«

Jeremia nennt Namen, Daten, Fakten, die so bei Mose natürlich nicht auftauchen. Seine Botschaft ergänzt und vervollständigt das im Einzelnen, was Mose allgemein angekündigt hatte. Das gilt auch für die messianischen Prophezeiungen, die bei Jeremia eine so wichtige Rolle spielen.

Die Mosebücher (4Mo 24,17 Bileam) hatten den Messias wie von Ferne angekündigt. Jeremia kann nun Genaueres dazu beitragen. Er kündigt an, dass der Messias ein Nachkomme König Davids sein wird. Er kündigt weiter an, dass der Messias Recht und Gerechtigkeit im Lande durchsetzen wird und – dass Israel dann sicher wohnen wird. Der Messias wird also sein Volk zu der versprochenen »Ruhe« führen. In Jeremias Verkündigung wird der Messias, der bei Mose nur in Umrissen beschrieben wurde, nun schon deutlicher erkennbar (Jer 33,14-16): »Siehe, es kommt die Zeit, spricht der Herr, dass ich das gnädige Wort erfüllen will, das ich zum Hause Israel und zum Hause Juda geredet habe. In jenen Tagen und zu jener Zeit will ich dem David einen gerechten Spross aufgehen lassen; der soll Recht und Gerechtigkeit schaffen im Lande. Zu derselben Zeit soll Juda geholfen werden und Jerusalem sicher wohnen, und man wird es nennen ›der Herr, unseres Gerechtigkeit‹«.

Die Botschaft Jeremias knüpft hier an die große Treuezusage Gottes an, die Gott dem Mose gegeben hatte (5Mo 4,31): *»Denn der Herr, dein Gott, ist ein barmherziger Gott; er wird dich nicht verlassen noch verderben, wird auch den Bund nicht vergessen, den er deinen Vätern geschworen hat.«* Jeremia kündigt an, dass Gott seinen Bund erneuern wird. Er nennt darüber hinaus auch Einzelheiten, nämlich, dass Gott das Herz und den Geist der Menschen erneuern wird (Jer 31,31-33):

»Siehe, es kommt die Zeit, spricht der Herr, da will ich mit dem Hause Israel und dem Hause Juda einen neuen Bund schließen, nicht wie der Bund gewesen ist, den ich mit ihren Vätern schloss, als ich sie bei der Hand nahm, um sie aus Ägyptenland zu führen, ein Bund, den sie nicht gehalten haben, ob ich gleich ihr Herr war, spricht der Herr, sondern das soll der Bund sein, den ich mit dem Hause Israel schließen will nach dieser Zeit, spricht der Herr: Ich will mein Gesetz in ihr Herz geben und in ihren Sinn schreiben, und sie sollen mein Volk sein, und ich will ihr Gott sein.«

Jeremia präsentiert neue Einzelheiten über den Messias und den Bund Gottes. Wie Amos bewegt sich seine Verkündigung aber immer auf der Grundlage, die Mose, Gottes größter Prophet, vorgegeben hat.

1.5. Mose und der Prophet Maleachi

Der Prophet Maleachi hat im 5. Jahrhundert v.Chr., also nach der Rückkehr des Volkes Gottes aus der Verbannung in Israel gewirkt. Er traf auf eine völlig andere

Situation als Amos und Jeremia: Das Gericht Gottes war vorüber. Das Volk Gottes war wieder im Land. Aber das Land war in keinem guten Zustand. Die Menschen waren arm. Das Leben war karg. Natürlich bewegte die Menschen damals vor allem eine Frage: Wo bleibt Gottes Segen, nachdem der Fluch vorbei ist? Wo bleibt der Segen Gottes für die Felder und den Backtrog? Die Menschen begannen, sich zu verhärten. Worte des Propheten Maleachi vermitteln einen Eindruck von der Stimmung im Land (Mal 3,13-15): *»Ihr redet hart gegen mich, spricht der Herr. Ihr aber sprecht: Was reden wir gegen dich? Ihr sagt: Es ist umsonst, dass man Gott dient; und was nützt es, dass wir sein Gebot halten und in Buße einhergehen vor dem Herrn Zebaoth? Darum preisen wir die Verächter; denn die Gottlosen gedeihen, und die Gott versuchen, bleiben bewahrt.«*

Was ist Maleachis Botschaft in dieser prekären Lage? Maleachi erinnerte an den Bund Gottes mit seinem Volk (Mal 3,22): *»Gedenkt an das Gesetz meines Knechtes Mose, das ich ihm befohlen habe auf dem Berge Horeb für ganz Israel, an alle Gebote und Rechte.«*

Auch auf den Segen kommt Maleachi zurück, den Gott durch Mose angekündigt hatte. Seine Botschaft lautet: Gottes Segen wird ganz sicher kommen. Entscheidend ist jetzt nur, dass das Volk Gottes treu nach den Maßstäben Gottes lebt und nicht etwa wegen der herrschenden Armut zum Beispiel den Zehnten zurückhält und damit Gott betrügt (Mal 3,8-10): *»Ist's recht, dass ein Mensch Gott betrügt, wie ihr mich betrügt? Ihr aber sprecht: Womit betrügen wir dich? Mit dem Zehnten und der Opfergabe! Darum seid ihr auch* *verflucht; denn ihr betrügt mich allesamt. Bringt aber die Zehnten in voller Höhe in mein Vorratshaus, auf dass in meinem Hause Speise sei, und prüft mich hiermit, ob ich euch dann nicht des Himmels Fenster auftun werde und Segen herabschütten die Fülle.«*

Maleachi hat dann auch noch die Messiasweissagung in 5. Mose 18,14-18 aufgegriffen und angekündigt: Dieser Messias wird nicht mehr lange auf sich warten lassen. Er wird bald zum Tempel des Herrn kommen. Aber vorher wird noch ein Bote erscheinen. Und das wird ein Mann wie der Prophet Elia sein (Mal 3,1.23):

»Siehe, ich will meinen Boten senden, der vor mir her den Weg bereiten soll. Und bald wird kommen zu seinem Tempel der Herr, den ihr sucht; und der Engel des Bundes, den ihr begehrt, siehe, er kommt, spricht der Herr Zebaoth. ... Siehe, ich will euch senden den Propheten Elia, ehe der große und schreckliche Tag des Herrn kommt.«

Auch Maleachis Verkündigung bleibt also auf der Grundlage, die ihm durch Mose vorgegeben war. Er erinnert an Gottes Bund mit Israel. Er erinnert an die Segenszusage, die Gott durch Mose gegeben hat, und er weist auf den Messias hin. Aber er verkündet auch neue Dinge, die das ergänzen und vervollständigen, was der lebendige Gott durch Mose vorgegeben hatte.

Nach dem Abschluss der alttestamentlichen Offenbarung (also mit Maleachi) hat es dann zunächst keine weiteren Propheten gegeben. Erst mit Johannes dem Täufer trat dann noch einmal ein Prophet auf, der die Menschen unmittelbar auf das Erscheinen des Messias Jesus vorbereitete.

2. Die Propheten näher im Visier

2.1. Die Propheten im Überblick

Propheten oder »Seher« spielten in der Geschichte Israels von Anfang an eine wichtige Rolle. Während der Zeit des Auszugs aus Ägypten und der Wüstenzeit erfüllte *Mose* diese Funktion. Allerdings übte auch der Hohepriester in der Stiftshütte mit der Verwendung der Urim und Thummim (2Mo 28,30) eine prophetische Funktion aus. In der ausgehenden Richterzeit (11. Jahrhundert v.Chr.) prägte der Prophet *Samuel* das Bild des Propheten, der vor Gott fürbittend für das Volk eintrat (1Sam 7,5-9), aber auch zur Treue gegenüber dem Bund mit dem lebendigen Gott aufrief, wann immer dies nötig war, und dabei kein Blatt vor den Mund nahm. Während der Regierungszeit Davids war der Prophet *Nathan* die herausragende prophetische Gestalt, die sich nicht scheute, auch den König kompromisslos mit begangenem Unrecht zu konfrontieren (2Sam 12,1-14). Dasselbe gilt für *Elia* und *Elischa*, die während des 9. Jahrhunderts v.Chr. im Nordreich Israel prophetisch wirkten.

Mit dem 9. Jahrhundert v.Chr. treten dann die sogenannten Schriftpropheten auf, deren Verkündigung detailliert schriftlich fixiert wurde. Während die Berichte über Propheten wie Samuel, Elia und Elischa sich auf die Schilderung einzelner Episoden ihres Wirkens beschränken, steht bei den Schriftpropheten die ausführliche Dokumentation ihrer Botschaft im Vordergrund.

Den Anfang machen im 9. Jahrhundert v.Chr. die

Propheten Obadja und Joel.[279] *Obadja*, dessen Buch nur genau 21 Verse umfasst, enthält eine einzige Botschaft: Die Gerichtsankündigung gegen das Land Edom im Süden, in der Wüste Arabiens. In den vierziger Jahren des 9. Jahrhunderts v.Chr. führten die Edomiter gemeinsam mit den Philistern einen Überfall auf die Stadt Jerusalem durch und plünderten Teile der Stadt (2Kö 8,20-22; 2Chr 21,16-17). Die Edomiter waren entschlossene Gegner des Volkes Israels und lehnten den Glauben Israels an den lebendigen Gott grundsätzlich ab. Es verwundert darum nicht, wenn in den Prophetenbüchern immer wieder Gerichtsankündigungen gegen das Land Edom und seine Hauptstadt Petra auftauchen (Jes 34,6-7.10-13; Jer 49,17-18; Hes 25,13-14; 35,5-7).

Ein weiterer Prophet des 9. Jahrhunderts v.Chr. ist der Prophet *Joel*. Joel begegnete im Land Israel bereits all den unerfreulichen Dingen, die 100 Jahre später (im 8. Jahrhundert v.Chr.) die Propheten Amos, Hosea und Micha massiv kritisieren würden: Götzendienst, Korruption, Wirtschaftskriminalität. Joel warnt vor Gottes Gericht, das auf das Volk Israel zukommen wird, wenn es nicht umkehrt (Joel 2,1-14). Allerdings bleibt Joel nicht bei der Gerichtsandrohung stehen. Er öffnet auch die Perspektive auf eine Zeit, in der Gott selbst eine geistliche Erneuerung seines Volkes in die Wege leiten wird (Joe 3,1-5).

---

[279] Die Datierung der einzelnen Propheten ist zum Teil umstritten. Da es hier mehr um einen Überblick über Botschaft und Hintergrund der Propheten im Allgemeinen geht, wird das Für und Wider von Früh- und Spätdatierungen nicht näher erläutert. Informationen zu diesem Fragenkomplex liefern zum Beispiel: John F. Walvoord, Roy F. Zuck (Hrsg.), Das Alte Testament erklärt und ausgelegt, Bd. 3 Jesaja-Maleachi, Neuhausen/Stuttgart 1991. (Im weiteren Verlauf angegeben als: Walvoord/Zuck, Das Alte Testament.)

Im 8. Jahrhundert v.Chr. (760-700 v.Chr.) sind es dann die Propheten Amos, Hosea, Micha und Jesaja, die prophetische Weisungen an das Volk Israel weitergeben.

Amos kam aus einfachen Verhältnissen. Er war von Beruf Hirte und Maulbeerfeigenzüchter in Tekoa, südöstlich von Bethlehem. Amos wurde praktisch von der Arbeit weg zum Propheten Gottes berufen (Am 7,14). *Micha* war (wie auch Amos) Bürger des Südreiches Juda. Er kam aus Moreschet, ungefähr 32 Kilometer westlich von Jerusalem (Jer 26,18). *Hosea* schließlich war Bürger des Nordreiches Israel und hat dort über einen Zeitraum von etwa 25 Jahren als Prophet gewirkt.

Amos, Hosea und Micha lebten in einem Land Israel, das reich, aber auch gewissenlos geworden war. Das zeigte sich in vielerlei Weise. Quer durch alle Schichten des Volkes zog sich unverkennbar ein Hang zur Abgötterei. Kanaanäische Kulte – für gewöhnlich mit Prostitution verbunden – waren allgemein akzeptiert und verbreitet. Die Gebote Gottes hatten ihre prägende Kraft im Alltag der Menschen verloren. Amos, Hosea und Micha griffen diesen Trend mit großer Vehemenz an und kritisierten ihn. Hinzu kam die soziale Not: Reiche wurden immer reicher und Arme immer ärmer. Gerissene Spekulanten brachten Land im großen Stil an sich. Einer kleinen Schicht sehr vermögender Großgrundbesitzer stand eine große Masse verarmter Landbevölkerung gegenüber. Bestechungen waren an der Tagesordnung und sorgten dafür, dass Arme vor Gericht keine Chance hatten, zu ihrem Recht zu kommen. So herrschte in Israel verschwenderischer Reichtum auf der einen und bittere Armut auf der anderen Seite. Maße und

Gewichte wurden skrupellos gefälscht. Das Land versank in einer hemmungslosen Vergötterung des Geldes. Daneben feierte man prachtvolle Gottesdienste, die in einem krassen Missverhältnis zum Elend im Land standen. Die Propheten Amos, Hosea und Micha haben diese Fehlentwicklungen furchtlos benannt und Veränderungen eingefordert (Am 4,1-3; 2,7-8; Hos 13,9; Mi 6,9-13). Wenn Gott treu zu dem Bund steht, den er mit dem Volk Israel geschlossen hat – so die Botschaft von Amos –, dann muss Israel auch treu sein und Gott von ganzem Herzen dienen. Hohle, heuchlerische Gottesdienste und ein Lebensstil, der Gottes Maßstäbe mit Füßen tritt, müssen im Endeffekt Gottes Gericht nach sich ziehen. Ganz ähnlich formulierten es auch Hosea und Micha. Sie haben um die Herzen der Menschen förmlich gerungen und geworben. Sie haben gemahnt und gewarnt. Sie wussten, wie real Gottes Gerichtsankündigung war, und sie litten darunter, ein ganzes Volk (ihr Volk) in sein Unglück laufen zu sehen.

Das Wort vom drohenden Gericht Gottes war allerdings nicht das letzte Wort der Propheten. Für die Zeit danach kündigten sie einen Neuanfang Gottes mit seinem Volk an (Am 9,11; Hos 2,21-22; Mi 2,12-13; 7,18-19).

Zu den Propheten des 8. Jahrhunderts v.Chr. zählt auch der Prophet *Jona*. Im 2. Buch der Könige (2Kö 14,25) wird er namentlich erwähnt. Jona hat während der Regierungszeit Jerobeams II. (793-753 v.Chr.) im Norden Israels gelebt. Jona war ein Prophet wider Willen, und es bedurfte drastischer Mittel, um ihn zur Ausführung seines Auftrags zu bewegen, nämlich die

Stadt Ninive im Zweistromland zur Umkehr zu bewegen. Jona nahm schließlich seinen Auftrag an und hatte unerwartete (positive) Resonanz. Sein Buch zeigt daher in bewegender Weise, dass der lebendige Gott neben seinem erwählten Volk Israel immer schon auch die Völker und Nationen der Erde im Blick hatte und ihnen gerne die Möglichkeit zu Umkehr und Rettung eröffnen wollte.

Einer der wichtigsten Propheten des Alten Testaments ist der Mann, den man auch den »Evangeliumspropheten« genannt hat: der Prophet *Jesaja*. Jesaja hat zwischen 760 und 681 v.Chr. in Jerusalem gelebt und dort Gottes Botschaft an sein Volk ausgerichtet und aufgeschrieben. Er kannte sich in internationaler Politik bestens aus und hat König Hiskia von Juda bei dem Versuch, dem Wort Gottes im täglichen Leben der Menschen wieder mehr Gewicht zu geben, tatkräftig unterstützt. Trotzdem hat nur eine Minderheit Jesaja und seine Warnung vor Gottes Gericht ernstgenommen. Unter König Manasse wurden im Gegenteil die Zustände im Land so schlimm, dass heidnische Menschenopfer wiedereingeführt wurden. Wahrscheinlich ist Jesaja während der Herrschaft von König Manasse gewaltsam umgekommen.[280]

Was war seine Botschaft?

Der heilige Gott, so machte Jesaja deutlich, liebt die Menschen, aber hasst die Sünde. Er wird es auf Dauer nicht hinnehmen, dass sein Volk in Sünde lebt und nicht bereit ist, mit erkannter Sünde zu brechen. Die Konse-

---

[280] G. L. Archer, Einleitung in das Alte Testament, Bd. 2, Bad Liebenzell 1989, S. 215.

quenz wird sein, dass das Volk Israel, das Land wieder verlieren wird, das Gott ihm einst gab. Es wird in einem fremden Land leben müssen und unter fremder Herrschaft (Jes 5, das »Weinberglied«). Aber Gott wird sein Volk dennoch nicht aufgeben. Er wird ganz neu mit ihm anfangen. Der bereits von Mose erwartete Messias Gottes wird dabei die entscheidende Rolle spielen. Jesaja fasst diese Botschaft der Hoffnung in die folgenden Worte: *»Das Volk, das im Dunkel lebt, sieht ein großes Licht. Die im Land der Finsternis wohnen, Licht leuchtet über ihnen. Denn ein Kind ist uns geboren, ein Sohn ist uns gegeben, und die Herrschaft ruht auf seiner Schulter; und man nennt seinen Namen: Wunderbarer Ratgeber, starker Gott, Vater der Ewigkeit, Fürst des Friedens. Groß ist die Herrschaft, und der Friede wird kein Ende haben auf dem Thron Davids und über seinem Königreich, es zu festigen und zu stützen durch Recht und Gerechtigkeit von nun an bis in Ewigkeit. Der Eifer des Herrn der Heerscharen wird dies tun«* (Jes 9,1.5-6).

»Und ein Spross wird hervorgehen aus dem Stumpf Isais, und ein Schössling aus seinen Wurzeln wird Frucht bringen. Und auf ihm wird ruhen der Geist des Herrn, der Geist der Weisheit und des Verstandes, der Geist des Rates und der Kraft, der Geist der Erkenntnis und Furcht des Herr« (Jes 11,1-2).

In den Kapiteln 42, 50, 52 und 53 beschreibt Jesaja dann den Weg des Messias, der stellvertretend für eine verlorene Menschheit die Schuld auf sich nimmt und für die Menschen Gottes gerechtes Urteil trägt. Es ist kein Wunder, dass gerade die Kapitel 40-66 des Jesajabuches in der Zeit von König Manasse entstanden sind. Während der Regierungszeit Manasses wurde das Land Israel von kanaanäischen Kulten förmlich überschwemmt.[281] Die Zahl derer, die dem lebendigen Gott die Treue hielten, wurde klein. Jesaja erkannte, dass ohne Gottes Eingreifen sein Volk einer düsteren Zukunft entgegengehen würde und hat darum gerade in dieser Zeit unter Gottes Leitung die Messias-Weissagungen aufgeschrieben. Zu Recht wird Jesaja darum der Evangeliumsprophet genannt. Er hat viele entscheidende Details aus dem Leben des Messias prophetisch benannt und aufgeschrieben. Ca. 600 Jahre später wurden sie dann im Leben Jesu Wirklichkeit.

Als die Warnungen der Propheten sich dann erfüllten, die Stadt Jerusalem im Jahr 587/586 v.Chr. vor den Truppen des babylonischen Königs Nebukadnezar kapitulierte und das Volk Israel sein Land verlassen musste, lagen der Plan für den Neuanfang und Worte der Ermutigung und des Trostes von Gott her schon bereit: *»Tröstet, tröstet, mein Volk!, spricht euer Gott. Redet zum Herzen Jerusalems, und ruft ihm zu, dass sein Frondienst vollendet, dass seine Schuld abgetragen ist! Denn es hat von der Hand des Herrn das Doppelte empfangen für all seine Sünden«* (Jes 40,1-2).[282]

Man kann die Bedeutung dieser Worte der Ermutigung und des Trostes für das Volk Israel im Exil kaum überschätzen. Nach den Erfahrungen der Zerstörung des Landes und der Verschleppung nach Babylonien hätte es – menschlich gesehen – nahegelegen zu sagen: »Es

---

[281] Walvoord/Zuck, Das Alte Testament, Bd. 2, S. 129.

[282] Siehe auch: Jes 43,1-7 und Jes 49,14-16.

ist aus. Gott hat uns endgültig verstoßen. Vielleicht existiert er auch gar nicht!« Aber nun hatte das Volk Gottes im Exil Jesajas Worte und konnte dann auch persönlich annehmen, dass Gott längst bereit war, gerade jetzt neu anzufangen mit seinem Volk. So wurde der Glaube Israels an einem sehr kritischen Zeitpunkt seiner Geschichte erhalten, aufgerichtet und gestärkt.

Die Propheten Nahum, Habakuk und Zefanja haben nach Jesaja für ihre Generation im 7. Jahrhundert v.Chr. Gottes Warnungen vor den Konsequenzen eines Lebens fern von Gott, aber auch Gottes Einladung zu erneuertem Glauben und Umkehr weitergegeben. Die Besonderheit des Propheten *Nahum* besteht darin, dass er die Zerstörung der babylonischen Stadt Ninive in vielen Einzelheiten vorhergesagt und beschrieben hat. Seine Voraussagen erfüllten sich präzise. Die Forschungsergebnisse von Historikern und die Funde der Archäologen bei Ausgrabungen an der antiken Stadt Ninive bestätigen die Genauigkeit von Nahums Prophezeiungen.[283]

Auch der Prophet *Habakuk* beschäftigt sich mit anderen Nationen. Aber er tut es auf ganz andere Weise als Nahum: Das Buch Habakuk präsentiert ein Zwiegespräch zwischen dem Propheten und dem lebendigen Gott. Habakuk stellt dabei eine Frage, die viele Menschen angesichts von Leid, Not, Unterdrückung und Unrecht stellen: Die Frage »Warum?« (Hab 1,3). Gottes Antwort tröstet den Propheten und hält ihm vor Augen, dass Gottes Gerechtigkeit zu ihrer Zeit immer siegen

---

[283] Walvoord/Zuck, Das Alte Testament, Bd. 3, S. 602.

wird (Hab 2). Gerade für Menschen, die dem lebendigen Gott damals unter schwierigen Lebensbedingungen die Treue hielten, muss diese Botschaft des Propheten Habakuk eine enorme Ermutigung und Stärke gewesen sein.

Der Prophet *Zefanja* weist darauf hin, dass die Zeit der Geduld Gottes mit seinem Volk ausläuft, und er bereitet sein Volk auf den Verlust des Landes und die Zukunft in einem fremden Land (Babylonien) vor. Natürlich, auch Zefanja hat noch aufgerufen zu Umkehr und Demut vor Gott. Aber es stand ihm vor Augen, dass die Katastrophe nicht mehr aufzuhalten sein würde (Zef 2,1-3). Und doch: Auch er ist nicht bei dieser niederdrückenden Botschaft stehen geblieben. Im Auftrag Gottes hat auch er seinem Volk eine neue, gute Zukunft nach dem Exil angekündigt (Zef 3,11-20).

Der letzte Prophet vor dem Ende des Südreiches Juda ist dann *Jeremia*, der Prophet, der mit seinem Volk erlebte, wie Gottes Warnungen Wirklichkeit wurden. Jeremia stammte aus einer Priesterfamilie. Von 626-585 v.Chr. hat er in Juda, in Jerusalem Weisung von Gott weitergegeben. Nach der Einnahme und Zerstörung Jerusalems durch Nebukadnezars Truppen (587/586 v.Chr.) zogen etliche von Jeremias Landsleuten entgegen einer ausdrücklichen Weisung Jeremias nach Ägypten. Offenbar haben sie Jeremia gezwungen, sie zu begleiten. Die Bibel berichtet, dass Jeremia mit ihnen noch eine Zeit lang in Ägypten gelebt hat. Dann verliert sich seine Spur. Wahrscheinlich ist er in Ägypten gestorben.

Natürlich hat Jeremia – wie sein großer Vorgänger

Jesaja – das Volk Israel noch in den letzten Jahren vor Nebukadnezars Einmarsch in Israel zur Umkehr aufgerufen. Aber auch für Jeremia wurde nur zu bald klar, dass sein Volk auf dem einmal eingeschlagenen unheilvollen Weg bis zum bitteren Ende bleiben würde. So hat er die Bürger des Landes auf das kommende Unheil vorzubereiten versucht. Jeremias Botschaft war diese: Wenn Gottes Gericht kommt, kann man nur eines tun: sich darunter beugen und es akzeptieren. Aber auch bei Jeremia endet nicht alles im Dunklen. Auch Jeremia hat seinem Volk eine Perspektive für danach gegeben: *»Siehe, es kommen Tage, spricht der Herr, da ich mit dem Haus Israel und mit dem Haus Juda einen neuen Bund schließen werde; nicht wie der Bund, den ich mit ihren Vätern schloss an dem Tag, als ich sie bei der Hand ergriff, um sie aus dem Land Ägypten herauszuführen; denn sie haben meinen Bund gebrochen, obwohl ich doch ihr Eheherr war, spricht der Herr. Sondern das ist der Bund, den ich mit dem Haus Israel nach jenen Tagen schließen werde, spricht der Herr: Ich will mein Gesetz in ihr Innerstes hineinlegen und es auf ihre Herzen schreiben, und ich will ihr Gott sein, und sie sollen mein Volk sein; und es wird keiner mehr seinem Nächsten sagen und keiner mehr seinen Bruder lehren und sagen: »Erkenne den Herrn!« Denn sie werden mich alle kennen, vom Kleinsten bis zum Größten unter ihnen, spricht der Herr; denn ich werde ihre Missetat vergeben und an ihre Sünde nicht mehr gedenken«* (Jer 31,31-34).

Nach einer Rede im Tempel, die in Jeremia 7-10 überliefert ist, wurde es Jeremia verboten, den Tempelbereich zu betreten und dort öffentlich zu den Leuten zu sprechen. Daraufhin diktierte Jeremia seinem engsten Mitarbeiter Baruch seine Botschaften. Baruch trug sie dann im Tempel in der Öffentlichkeit vor.

Unter König Zedekia wurde Jeremia dann verhaftet und in einer alten Zisterne eingesperrt. Als er in dieser Zisterne gesundheitlich zugrunde zu gehen drohte, sorgte der König für seine Rettung und behielt ihn bis zur Kapitulation Jerusalems auf dem Gefängnishof in Gewahrsam (Jer 38,1-13).

Von Natur aus war Jeremia keine Kämpfernatur. Er hatte ein eher sensibles Wesen. Trotzdem musste er Gottes Gericht ankündigen und zog dadurch viel Misstrauen, Hass und Verleumdungen auf sich. Obwohl eher introvertiert, musste er oft im Rampenlicht der Öffentlichkeit stehen und mehrmals massive Angriffe auf seine Person durchstehen. Manchmal ist Jeremia nahe daran gewesen, sein Amt als Prophet hinzuwerfen, hat sich dann aber doch immer wieder unter seine göttliche Berufung gebeugt.

Was hat einen Mann wie Jeremia die Belastungen seines Prophetendienstes durchstehen lassen? Er selbst verrät es an einer sehr persönlichen Stelle seines Buches. Dort heißt es (Jer 15,20-21): »*Darum, so spricht der Herr: Ich will dich diesem Volk gegenüber zur festen eisernen Mauer machen; und sie werden gegen dich kämpfen, aber sie sollen dich nicht überwältigen; denn ich bin bei dir, um dich zu retten und um dich zu befreien, spricht der Herr. Ja, ich werde dich befreien aus der Hand der Bösen und dich erlösen aus der Faust des Tyrannen.*«

In den Jahren 605-562 v.Chr. wurde die Bevölkerung Judas nach und nach von König Nebukadnezar II. nach Babylonien deportiert. Jerusalem wurde im Jahr 587/586 v.Chr. belagert und zerstört, ihre Einwohner ebenfalls verschleppt. Der Prophet *Hesekiel* – er stammte wie Jeremia aus einer Priesterfamilie – kam im Jahr 597 v.Chr. im Rahmen einer der ersten Deportationswellen nach Babylonien und hat dort zwischen 595-570 v.Chr. als Prophet gewirkt. Hesekiel wohnte in dem Dorf Nippur am Euphrat, ca. 75 Kilometer von der Stadt Babylon entfernt. Seine Frau starb dort zehn Jahre nach ihrer Ankunft.

Hesekiel zog Bilanz. Er erklärte, *was* geschehen war und *warum* es geschehen musste: Der Fall Jerusalems und das Exil – so lautete seine Botschaft – sind äußerste Mittel, die Gott benutzte, um sein Volk in die Gemeinschaft und die Treue zu ihm zurückzuführen. Aber Hesekiel blieb nicht bei dieser Bilanz stehen. Er kündigte an, dass der Tag kommen würde, an dem Gott den Rest seines Volkes in sein Land zurückbringen würde, um noch einmal ganz neu anzufangen (Hes 34 – Verheißung des echten Hirten Israels/Hes 36 – Verheißung der Erneuerung durch Gottes Geist/Hes 37 – Vision vom wiederbelebten Totenfeld/Hes 40-48 – Vision vom neuen Tempel).

Die Propheten des Exils (wie zum Beispiel Hesekiel) hatten eine hohe Verantwortung. Sie standen vor der Aufgabe, ein völlig deprimiertes Volk wieder aufzurichten, zu stabilisieren und für Gottes Neuanfang vorzubereiten.

Neben dem Propheten Hesekiel spielt auch der

Prophet *Daniel* in der Zeit des Exils eine wichtige Rolle. Daniel gehörte zu denen, die wie Hesekiel in den letzten Jahren des 7. Jahrhunderts v.Chr. nach Babylon gebracht wurden. Aufgrund seiner Begabung stieg Daniel am Hof der Könige Nebukadnezar, Nabonid und Kyrus rasch in hohe einflussreiche Positionen auf. In den Kapiteln 1-6 seines Buches schildert Daniel sein Leben am Hof und die besonderen persönlichen Führungen Gottes in dieser Zeit. Die Kapitel 7-12 präsentieren dann eine Reihe prophetischer Visionen, in denen vier aufeinander folgende Weltreiche beschrieben werden, die erst kommen und gehen müssen, bevor Gottes Pläne mit der Menschheit an ihr Ziel gelangen werden. Einige Visionen liefern auch Informationen über das Auftreten des Messias und den sichtbaren Anbruch des Reiches Gottes. Das Buch Daniel spannt also einen weiten Bogen von der Zeit des Exils (Daniels Gegenwart) bis hin zu den Ereignissen auf der Zielgeraden der Menschheitsgeschichte. Bereits im Exil wurde also der Blick des Volkes Gottes mehr und mehr auf das Kommen des Messias und Gottes Pläne mit der Menschheit gelenkt.

Von besonderem Interesse ist in diesem Zusammenhang der Titel »Menschensohn« (Dan 7,13-14), den Daniel für den Messias verwendet, der in der Kraft Gottes über die Welt herrscht. Jesus hat (mehrere hundert Jahre später) eben diesen Titel für sich selbst verwendet.

Nach 70 Jahren des Exils gab der persische Herrscher Kyrus im Jahr 538 v.Chr. dem Volk Israel die Erlaubnis zur Rückkehr in sein Land. Dieses Datum markiert den Neubeginn Gottes mit seinem Volk im Land Israel.

In dieser Phase der Geschichte Israels spielten die Propheten *Haggai*, *Sacharja* und *Maleachi* eine entscheidende Rolle. Sie haben in dieser entscheidenden Phase des Neuanfangs ein äußerst wichtiges Thema angeschnitten: den Zusammenhang zwischen einem Leben in der Heiligung und wirtschaftlichem Wohlstand.

Als das Volk Israel in sein Land zurückkehrte, kam es nicht ins gemachte Nest. Weite Teile des Landes Israel waren zerstört oder verwildert. Das Überleben war schwierig und die Armut groß. Trotzdem begann Esra[284] als Erstes mit dem Neubau des Tempels. Aber dann setzten Störmanöver der Gegner Israels ein (Esr 4). Der Tempelbau stagnierte. In dieser Zeit stand das Volk Israel akut in der Gefahr, den Tempelbau aufzugeben und die knappen finanziellen Mittel für eigene Zwecke zu gebrauchen. In dieser kritischen Phase haben die Propheten massiv eingegriffen. Haggai und Sacharja wurden nicht müde darauf hinzuweisen, dass Gott wirtschaftlichen Niedergang und Armut beheben werde, wenn das Volk Gottes bereit wäre, Gott an die erste Stelle in seinem Leben zu setzen und den Tempel weiterzubauen. Haggai hat immer wieder darauf hingewiesen, dass Gottes Segen nur dann auf seinem Volk ruhen werde, wenn es konsequent in der Heiligung leben würde (Hag 1,1-15; Sach 4,6-10). Esra berichtet (Esr 5,1-2), dass aufgrund des prophetischen Wirkens von Haggai und Sacharja der Tempelbau wieder aufgenommen und trotz aller Widerstände vollendet wurde.

An dieser Stelle wird deutlich, dass die Propheten

---

[284] Siehe Teil IV: Die Bücher von Exil und Neuanfang.

auch ausgesprochen seelsorgerliche Aufgaben übernehmen konnten. Sie ermutigten ein verzagtes, ausgehun-
gertes Volk, trotz herrschender Armut Gott die Ehre zu
geben.

Die letzte Botschaft der Propheten ist die Weisung,
auf das Kommen des Messias zu warten. Sacharja 9-14
(insbesondere Sach 9,9-12) und Mal 3 betonen, dass das
Volk nun vor allem eine Aufgabe habe, nämlich mit
innerer Bereitschaft auf den Messias Gottes zu warten.
Mit Maleachi, der um 435 v.Chr. auftrat, endet die
Reihe der Propheten des Alten Testaments. 400 Jahre
lang hat Gott dann keinen Propheten mehr berufen. Erst
mit Johannes, dem Täufer und Vorläufer Jesu, hat Gott
dann wieder neu und überraschend mit seinem Volk
gesprochen.

2.2. Der sogenannte »Deutero-Jesaja«

Das Buch des Propheten Jesaja zählt zu den wohl
bekanntesten prophetischen Büchern des Alten Testaments. Es ist vielfach untersucht worden, und es gibt
unterschiedliche Theorien, was seine Entstehungsgeschichte angeht.

Die bibelkritische alttestamentliche Forschung teilt
das Buch Jesaja in drei Teile ein, die sie drei verschiedenen Verfassern (oder Verfassergruppen) zuweist, die zu
je verschiedenen Zeiten gelebt und geschrieben haben
sollen. Die Kapitel 1-39 werden einem »Proto-Jesaja«
(von griechisch *protos* – der Erste) zugeschrieben, der
in der Zeit vor dem Exil Israels gelebt haben soll. Die
Kapitel 40-55 ordnet man einem (anonymen) »Deute-

ro-Jesaja« (von griechisch *deuteros* – der Zweite) zu, der ein Schüler (oder eine Schülergruppe) des »Proto-Jesaja« gewesen sein soll. Er soll in der Zeit des babylonischen Exils Israels gelebt und geschrieben haben. Die Kapitel 56–66 schließlich sollen aus der Feder eines weiteren, ebenfalls anonym gebliebenen »Trito-Jesaja« (griechisch *tritos* – der Dritte) stammen«, der nach dem Exil Israels gelebt haben soll.[285] Damit ist klar: Die jesajanische Verfasserschaft des gesamten Buches Jesaja wird bestritten. Tatsächlich soll das Buch auf mindestens drei (wahrscheinlich aber noch mehr) Verfasser zurückgehen.

Nun ist es zunächst interessant, sich mit einer sehr alten Schriftrolle zu befassen, die einen vollständigen Text des Buches Jesaja enthält. Es handelt sich um die in Höhle 1 von Qumran entdeckte 7,5 Meter lange und nahezu unbeschädigte Jesajarolle, die nachweislich aus dem 2. Jahrhundert v.Chr. stammt.[286] Diese Schriftrolle beweist nicht nur, dass der Text des Buches Jesaja über die Jahrhunderte hinweg sehr genau und nahezu ohne Abweichungen weitergegeben wurde. Die Schriftrolle weist auch noch eine weitere Besonderheit auf: Der Schreiber hat beim Schreiben zwischen Jesaja 33,24 und Jes 34,1 eine Lücke gelassen, die in etwa dem Umfang von drei Zeilen entspricht. Wahrscheinlich wollte er damit ausdrücken, dass das Buch zwei Teile hat: Teil 1:

---

[285] Schmidt, Einführung, S. 257-270.

[286] Ein Faksimile der Jesaja-Rolle und nützliche Informationen zu ihrem Inhalt sowie zu den Funden von Qumran allgemein siehe: *www.bibelausstellung.de/abtlg04.htm.*

Jesaja 1-33 und Teil 2: Jesaja 34-66.[287] Man beachte: Der Schreiber der Jesaja-Rolle von Qumran, der immerhin rund 1000 Jahre näher an dem historischen Jesaja dran war als Theologen von heute, macht sich *nicht* die Dreiteilung des Buches Jesaja zu eigen, wie es die bibelkritische Theologie vorschlägt. Er teilt das Buch Jesaja in zwei Teile ein, und das aus gutem Grund: Die Kapitel 1-33 fallen in die Zeit der Könige Usia bis Ahas. Die Kapitel 34-66 fallen in die Zeit von König Hiskia und (möglicherweise) weiterer Könige Israels.[288] Das heißt, der Schreiber der Jesaja-Rolle von Qumran wusste etwas, das heute oft übersehen wird. Das Buch Jesaja ist nach einer zeitlichen Abfolge geordnet. Teil 1 beschäftigt sich mit der Regierungszeit der Könige Usia bis Ahas. Teil 2 befasst sich mit der Regierungszeit Hiskias und seiner Nachfolger im Amt. Beide Teile sind parallel aufgebaut[289]: Gericht und Wiederherstellung (Jes 1-5; 34-35), Biografisches, Historisches und Weissagungen (Jes 6-8; 36-39), Segens- und Gerichtsworte (Jes 9-12; 40-45), Weissagungen über Fremdvölker (Jes 13-23; 46-48), Zerstörung, Wiederherstellung, Befreiung (Jes 24-27; 49-55), soziale und ethische Gerechtigkeit (Jes 28-31; 56-59), Wiederherstellung der Völker (Jes 32-33; 60-66).

Nun hat die Bibelkritik immer wieder eingewandt, dass die (behaupteten) drei Teile des Jesajabuches in

---

[287] Vgl,: W. H. Brownlee, The Meaning of the Qunran Scrolls for the Bible, New York 1964, S. 247-253..

[288] Kitchen, Das Alte Testament, S. 489f.

[289] Die Gliederungspunkte für den parallelen Aufbau des Buches Jesaja in den Kapiteln 1-33 und 34-66 sind übernommen aus: Kitchen, Das Alte Testament, S. 490.

drei verschiedenen Epochen entstanden seien: vor dem Exil Israels, im Exil und nach dem Exil.[290] Wie steht es mit der Begründung dieser Behauptung?

Unstrittig ist, dass die Kapitel 1-39 des Buches Jesaja im 8. Jahrhundert v.Chr. (also zu Lebzeiten des Propheten Jesaja) geschrieben worden sind. Sie nehmen nämlich immer wieder Bezug auf Ereignisse, Orte und Personen dieses Zeitabschnittes. Was die Kapitel Jesaja 40-55 angeht, ist immer wieder behauptet worden, sie setzten das Exil Israels in Babylon voraus. Diese Behauptung trifft jedoch nicht zu![291] Das Königreich Babel wird in den Kapiteln 40-55 nur *viermal* erwähnt, in den Kapiteln 1-39 aber *neunmal*. Darüber hinaus haben Wissenschaftler unterschiedlichster Richtung[292] immer wieder darauf aufmerksam gemacht, dass die Kapitel 40-55 keine »Kenntnisse aus erster Hand«[293] über das Königreich Babel und seine Hauptstadt haben. Das sollte man aber erwarten, wenn diese Kapitel wirklich in der Zeit des Exils entstanden sein sollten. Die Kapitel passen jedoch viel besser zur Umwelt des Mittelmeerraumes und insbesondere Israels.[294]

Es ist auch immer wieder darauf hingewiesen worden, dass in Jesaja 40-55 der König genannt sei, der Israel aus dem Exil entlassen habe: Kyrus. Dies sei – so die

[290] Schmidt, Einführung, S. 257-270.

[291] Kitchen, Das Alte Testament, S. 491.

[292] Zum Beispiel: A. Lods, The Prophets of Israel, London 1937, S. 238. E. J. Kissane, The Book of Isiah II, 1943, XLVIff. R. K. Harrison, Introduction to the Old Testament, Grand Rapids / London 1969, S. 778f.

[293] Kitchen, Das Alte Testament, S. 491.

[294] Ebd.

Argumentation – der sichere Beweis dafür, dass diese Kapitel während des Exils Israels geschrieben worden sein müssten.[295] Tatsächlich wird Kyrus zweimal im Buch Jesaja namentlich genannt: Jesaja 44,28 und 45,1, allerdings ohne Titel und – ohne die Angabe welcher Nationalität diese Person sein werde. Das heißt: Jesaja hat angekündigt, dass irgendwann eine Person mit dem Namen Kyros das Exil des Volkes Israel beenden werde. Jesaja sagt nicht, dass Kyrus ein Perser sein werde. Jesaja nennt überhaupt kein Land in diesem Zusammenhang. Für biblisch interessierte Menschen des 21. Jahrhunderts ist König Kyrus von Persien natürlich ein Begriff. Für den Propheten Jesaja aber war das ganz anders! Er hatte nur eine Person mit einem Namen, sonst nichts. Diese Person konnte assyrischer, babylonischer, iranischer oder sonstiger Nationalität sein![296] Dazu kommt, dass es im 7. Jahrhundert mehrere Regenten namens Kyrus gegeben hat: Einer von ihnen lebte knapp fünfzig Jahre nach Jesaja.[297] Aber erst der Kyrus im 6. Jahrhundert v.Chr. war dann der Mann, der Israel nach Hause zurückkehren ließ. Im Rückblick heute ist natürlich klar, welcher Kyrus gemeint war. Für Jesaja aber lagen die Dinge ganz anders. Das heißt, die Annahme der Bibelkritik, mit Kyrus könne nur der Perserkönig Kyrus gemeint gewesen sein, ist falsch. Die daraus resultierende Schlussfolgerung, die Kapitel 40-55 des Buches Jesaja könnten deswegen nur in der Zeit des Exils Israels entstanden sein, trifft ebenfalls nicht zu.

---

[295] Ebd., S. 492.

[296] Ebd.

[297] Ebd.

Dazu kommt die Tatsache, dass das Jesajabuch (Jes 1-66) sprachlich bemerkenswert einheitlich ist. Es ist darum höchst unwahrscheinlich, dass irgendwelche noch dazu anonymen Autorenkollektive es fertiggebracht haben, einhundert bis zweihundert Jahre nach Jesaja dennoch »jesajanisch« zu schreiben.[298] Abgesehen davon, ist es das Kennzeichen biblischer Prophetie, dass sie so gut wie immer den Namen des Propheten nennt.[299] Anonyme Propheten werden in der Bibel nur ganz am Rande erwähnt. Die Bibelkritik aber mutet ihren Lesern gleich zwei anonyme Propheten (-kollektive) in einem einzigen biblischen Buch zu. Das kann nicht überzeugen! Im Gegenteil: Gerade bei näherer Beschäftigung mit den biblischen Texten und ihrem zeitgenössischen kulturellen Hintergrund zeigt sich ihre historische Zuverlässigkeit.

3. Ausgewählte Prophezeiungen und ihre Erfüllung

3.1. Die Prophezeiungen über die Herkunft des Messias

Es ist eine der großen Besonderheiten der Bibel, dass sie Prophezeiungen enthält, konkrete Vorhersagen, die Menschen, Orte oder Nationen betreffen. Keine andere religiöse Urkunde der Menschheit enthält dieses Phänomen. Es ist einzigartig. Das Besondere an den Prophezeiungen der Bibel ist nun, dass sie zu einem ganz bestimmten Zeitpunkt in der Geschichte niedergeschrie-

---

[298] Ebd.
[299] Ebd.

ben wurden und Aussagen über die Zukunft treffen, die überprüfbar sind. Das heißt, die Zuverlässigkeit des biblischen Wortes kann auch und gerade anhand der biblischen Prophezeiungen überprüft werden.

Wer sich nun mit den Prophezeiungen der Bibel befasst, stößt fast zwangsläufig auf Vorhersagen, die den erwarteten Messias, den Christus betreffen. Es gibt im Alten Testament rund 300 Prophezeiungen, die den Messias ankündigen und Aspekte seines Lebens beschreiben. Jede dieser Prophezeiungen wurde – erwiesenermaßen – niedergeschrieben, lange bevor Jesus geboren wurde. Und dennoch erfüllten sie sich in erstaunlicher Weise.

Einer der besonders faszinierenden Aspekte dieser Vorhersagen ist die Herkunft des Messias. Mehrere Prophezeiungen des Alten Testaments legen bis ins Einzelne fest, wie die Abstammungslinie des Messias aussehen wird. Sie fangen aus großer Entfernung an und werden dann allmählich immer konkreter, bis sie schließlich bei einem bestimmten Menschen ankommen, dessen direkter Nachkomme der Messias ist.

Die Reihe beginnt im ersten Buch der Bibel: Im ersten Buch Mose (1Mo 22,18) geht es um Abraham. Ihm gab Gott folgendes Versprechen: »*Und durch dein Geschlecht* (durch deine Nachkommen, so sagte Gott) *sollen alle Völker auf Erden gesegnet werden, weil du meiner Stimme gehorcht hast.*« – Abraham ist der Mann, mit dem Gott ein neues Kapitel in der Geschichte der Menschheit aufschlug. Mit Abraham setzte der lebendige Gott eine Entwicklung in Gang, die viele Jahrhunderte später bei dem Messias Jesus endete. Und darum ist klar, dass der Messias – was seine menschliche Herkunft angeht – ein Nachkomme Abrahams sein muss. Er muss also aus dem Volk der Juden stammen.

Im Neuen Testament, im Matthäusevangelium (Mt 1,1) findet sich die Erfüllung dieser – noch recht allgemeinen – Prophezeiung: *»Dies ist das Buch von der Geschichte Jesu Christi, des Sohnes Davids, des Sohnes Abrahams.«* Das Neue Testament bestätigt also, dass Jesus tatsächlich ein Nachkomme Abrahams war und zum Volk der Juden gehörte.

Nun werden die Angaben über die Abstammung des Messias konkreter. Wieder im 1. Buch Mose (1Mo 21,12) findet sich folgende Vorhersage: *»Aber Gott sprach zu ihm* (zu Abraham)*: Nach Isaak soll deine Nachkommenschaft benannt werden.«* Abraham hatte zwei Söhne, nämlich Isaak und Ismael. Gott schließt nun mit diesen Worten an Abraham die eine Linie der Nachkommenschaft Abrahams aus, nämlich Ismael. Er legt fest, dass seine Pläne nur mit Isaak und dessen Nachkommen Realität werden. Und damit ist klar: Der Messias muss nicht nur ein Nachkomme Abrahams, sondern er muss auch ein Nachkomme Isaaks sein. Er kann kein Anverwandter Ismaels sein! Die Abstammungslinie wird hier also etwas konkreter. Und wiederum findet sich im Neuen Testament die Bestätigung (Lk 3,23.34): *»Jesus war ein Sohn* (ein Abkömmling) *Isaaks.«*

Nun hatte Isaak ebenfalls zwei Söhne, nämlich Jakob und Esau. Die Bibel schließt nun wiederum eine Linie von Isaaks Nachkommenschaft aus. Sie legt fest, dass der lebendige Gott nur über Jakob seine Pläne für die Menschheit weiterführen wird. Im 4. Buch Mose

(Kap. 24,17) gibt der Prophet Bileam folgende Prophezeiung über den Messias ab: *»Ich sehe ihn, aber nicht jetzt; ich schaue ihn, aber nicht von nahem. Es wird ein Stern aufgehen aus Jakob und ein Zepter aus Israel aufkommen.«* Jakob und Israel sind zwei Namen für dieselbe Person! Der aufgehende Stern bezeichnet den Messias, und der muss nicht nur ein Blutsverwandter Abrahams und Isaaks, sondern auch noch ein Verwandter Jakobs sein. Wieder wird die Abstammungslinie genauer. Und wiederum bestätigt das Neue Testament (Lk 3,23.34): *»Jesus war ... ein Sohn Jakobs.«*

Jakob hatte insgesamt zwölf Söhne, von denen jeder zu einem Stamm des hebräischen Volkes wurde. Gott schließt nun elf Zwölftel der Nachkommenschaft Jakobs aus und legt fest, dass der Messias aus dem Stamm Juda kommen soll: Im ersten Buch Mose (1Mo 49,10) findet sich diese Prophezeiung: *»Es wird das Zepter von Juda nicht weichen noch der Stab des Herrschers von seinen Füßen, bis dass der Held komme, und ihm werden die Völker anhangen.«* Damit ist klar, der Messias muss nicht nur ein Blutsverwandter Abrahams, Isaaks und Jakobs sein. Gott legt zusätzlich noch fest, dass er nur und ausschließlich aus dem Stamm Juda, also aus Judas Anverwandten kommen dürfe. Wieder konkretisiert sich die Abstammungslinie. Und wieder findet man im Neuen Testament die Bestätigung: *»Jesus ... war ein Sohn* (ein Nachkomme) *Judas«* (Lk 3,23.33).

Eine Prophezeiung des Propheten Jesaja benennt nun eine bestimmte Großfamilie innerhalb des Stammes Juda: Die Großfamilie Isai. Der Messias, so sagt Jesaja sinngemäß, wird nur aus dieser und keiner anderen

Großfamilie stammen können. Alle anderen Groß-
familien im Stamm Juda kommen dafür nicht in Frage.
So steht es in Jesaja 11,9: *»Und es wird ein Reis hervorgehen aus dem Geschlecht Isais und ein Zweig aus
seiner Wurzel Frucht bringen.«* Der Messias – so macht
die Bibel deutlich – wird also nicht nur ein Blutsverwandter Abrahams und Isaaks und Jakobs und nicht
nur ein Abkömmling Judas sein. Er muss auch aus der
Großfamilie Isais innerhalb des Stammes Juda kommen.
Und wieder ist aus dem Neuen Testament das bestätigen-
de Echo auf diese Prophezeiung (Lk 3,23.32) zu hören:
»Jesus ... war ein Sohn Isais« (Jesses).

Am Ende konkretisiert sich die Abstammungslinie
des Messias auf eine bestimmte Person. Das ist David,
einer der herausragenden Könige Israels. David kam aus
der Großfamilie Isais. Eine Prophezeiung des Propheten
Jeremia legt nun fest, dass der Messias ein Nachkomme
Davids sein muss! Nicht nur ein Verwandter Abrahams,
Isaaks, Jakobs, Judas und Isais muss der Christus sein.
Er darf zusätzlich auch nur aus Davids Familie stammen. Alle anderen Familien innerhalb der Großfamilie
Isais werden nicht berücksichtigt, obwohl Isai insgesamt
acht Söhne (1 Sam 16,10-11) hatte. Gott legt sich auf den
achten Sohn – auf David und seine Familie – fest. Beim
Propheten Jeremia (Jer 23,5) heißt es darum: *»Siehe, es
kommt die Zeit, spricht der Herr, dass ich dem David
einen gerechten Spross erwecken will. Der soll König
sein, der wohl regieren und Recht und Gerechtigkeit im
Lande üben wird.«* Und wiederum antwortet das Neue
Testament (Lk 3,23.31): *»Jesus ... war ein Sohn* (Nachkomme) *Davids.«*

Jahrhunderte, bevor Jesus, der Messias geboren wurde, legte Gott durch seine Propheten in der Bibel die genaue Abstammungslinie für den angekündigten und sehnsüchtig erwarteten Messias fest. Es war eine genau festgelegte Linie, die durch die Propheten bekannt gegeben wurde. Bei Jesus stimmte alles: Seine Herkunft entsprach genau der von Gott vorgegebenen Linie. Jeder konnte das nachprüfen!

Natürlich kannten die Gegner Jesu (Pharisäer, Schriftgelehrte und auch Sadduzäer) diese biblischen Prophezeiungen. Mit Sicherheit haben sie den Stammbaum Jesu einer äußerst gründlichen Prüfung unterziehen lassen. In den Kellerarchiven des Tempels lagen ja in ungezählten Kammern, Regalen und Schränken die Abstammungsakten der Bürger Israels, allesamt sorgfältig und akribisch genau geführt.[300] Ganz offensichtlich aber waren die Widersacher Jesu bei ihrer Prüfung der Akten zu dem Ergebnis gekommen: Es stimmte! Jesus wies in seiner Abstammung exakt die Linie auf, die die Prophezeiungen der Bibel festgelegt hatten. Er war wirklich ein Nachkomme Abrahams, Isaaks, Jakobs,

---

[300] »It was partly because Jesus' lineage from David was incontestable that the Jewish authorities were so distressed. Until the temple was destroyed in A.D. 70, meticulous genealogical records of all Jews were kept there. That information not only was essential to establish levitical and Priestly lineage, for the men as for their wives, but for many other purposes as well. No one could hold a position of responsibility in Israel whose genealogy was unverified. It is therefore certain that the autorities had carefully checked Jesus' genealogy and discovered that His descent from David was legitimate. Otherwise, they would simply have exposed Him as having no claim to Davidic heritage and all discussion about His possible messiahship woulf have ended.« (John F. MacArthur, New Testament Commentary, Matthew 16-23, Chicago 1983, S. 347)

Judas, Isais und Davids. Jesus war wirklich ein »Sohn Davids«. Wäre es anders gewesen, hätten sie das mit Sicherheit sofort öffentlich bekannt gemacht. Aber das ging nicht! Die Urkunden waren unbestreitbar. Sie zeigten, dass die vielen Prophezeiungen, die Jahrhunderte vorher gemacht wurden, tatsächlich in der Person Jesu Wirklichkeit geworden waren.

3.2. Die Prophezeiungen über Edom und seine Hauptstadt Petra[301]

Das Volk der Edomiter lebte vor etwa dreitausend Jahren direkt an der östlichen Grenze des Landes Israel. Seine Hauptstadt war die Felsenstadt Petra (Petra = Fels). Wichtige Handelsstraßen führten damals über Petra bis nach Griechenland und Italien. Die Hauptstadt des Königreiches Edom war darum eine sehr reiche Stadt.

Die Bibel berichtet, dass die Edomiter ein stolzes und sehr grausames Volk gewesen seien. In den Tempeln Edoms kam es immer wieder zu Menschenopfern. Die Bibel sagt, dass dort unschuldiges Blut vergossen wurde (Joe 4,19). Mehr als einmal griffen edomitische Truppen das Volk der Israeliten ausgerechnet dann an, als es geschwächt und in akuter Not war. Viele Israeliten kamen dabei ums Leben. Es verwundert darum nicht, dass das Königreich Edom auch in der biblischen

---

[301] Eine ausführliche Darstellung der biblischen Prophezeiungen über das Land Edom und seine Hauptstadt Petra findet sich in Josh McDowell, die Bibel im Test, Neuhausen-Stuttgart 1992, S. 420-429. (Im weiteren Verlauf angegeben als: McDowell, Die Bibel im Test.)

Prophetie eine wichtige Rolle spielt (Jes 34,6-7.10-13; Jer 49,17-18; Hes 25,13-14; 35,5-7).

Insgesamt wurden von den Propheten Jesaja, Jeremia und Hesekiel folgende Ereignisse für das Königreich Edom vorhergesagt:

1. Das Land soll verwüstet werden (Jes 34,13).

2. Es soll nie wieder bevölkert werden (Jer 49,18).

3. Heiden werden es erobern (Hes 25,14).

4. Das Volk Israel wird es erobern (Obd 18).

5. Es soll eine blutige Geschichte haben (Hes 35,5-6; Jes 34,6-7).

6. Edom soll bis zur Stadt Teman verwüstet werden (Hes 25,13).

7. Wilde Tiere sollen das Gebiet bewohnen (Jes 34,13).

8. Der Handel soll aufhören (Jes 34,10; Hes 35,7).

9. Wer das verödete Land sieht, wird schockiert sein (Jer 49,17).

10. Dornen und Disteln werden in den Palästen wachsen (Jes 34,13).

11. Eulen und wilde Zigen werden dort anzutreffen sein (Jes 34,14)

Heute ist das antike Königreich Edom Bestandteil des Landes Jordanien. Es ist ein wüstes Land (Erfüllung von Vorhersage 1). Es erlebte verschiedene Eroberungen, zum einen durch die Assyrer (Erfüllung von Vorhersage 3 und 5) , später im 2. Jahrhundert v.Chr. marschierten die Israeliten im Rahmen der Makkabäerkriege dort ein und unterwarfen das Land (Erfüllung von Vorhersage 4 und 5). Nach 70 n.Chr. verschwanden die Edomiter vollständig. Die Verlegung einer Handelsstraße, die nun über Palmyra und nicht mehr über Petra verlief, führte zur völligen Verödung des Landes. Jeglicher Handel hörte auf (Erfüllung von Vorhersage 8). Lange galt das Königreich Edom als Mythos. Kritiker behaupteten, es habe nie existiert. Im 19. Jahrhundert n.Chr. aber wurde die Stadt Petra wiederentdeckt. Inschriften dort bewiesen die Existenz und den Untergang Edoms (Erfüllung von Vorhersage 2). Heute besuchen Touristengruppen die Stadt Petra und staunen betroffen über die verlassene Festung in den Bergen (Erfüllung von Vorhersage 9). In den verödeten Palästen Petras wachsen wirklich Dornen und Disteln (Erfüllung von Vorhersage 10), Eulen bauen ihre Nester in den Häusern und wilde Ziegen streifen durch das Gelände (Erfüllung von Vorhersage 11). Skorpione, Schlangen und andere Wüstentiere bewohnen das Land (Erfüllung von Vorhersage 7). Einzig die Stadt Teman existiert heute noch (Erfüllung von Vorhersage 6).

Auch die Berichte von Reisenden[302] bestätigen in verblüffender Weise die Zuverlässigkeit der biblischen Prophezeiungen. Dr. Shaw stellt das Land Edom und die Wüste, von der es heute ein Teil ist, so dar: »Es wimmelt von Echsen und Vipern, die sehr zahlreich und lästig sind.«

Volney berichtet, dass »die Araber im Allgemeinen die Ruinen der Städte Edoms wegen der riesigen Skorpione (Wüstentiere), die dort überall herumkriechen, meiden.«

Cory berichtet, dass »man oft Löwen und Leoparden

---

[302] Die Reiseberichte sind dem Buch »Die Bibel im Test«, von Josh McDowell, S. 420-429 entnommen.

(Wüstentiere) in Petra und auf den unmittelbar dahinter liegenden Hügeln sehen kann, aber dass sie nie zur Ebene herabkommen.«

Higgins: »Immer wieder wird (in der Bibel) die Verwüstung Edoms angekündigt. Zur Zeit der Propheten schien die Erfüllung einer solchen Prophezeiung höchst unwahrscheinlich zu sein. ... Heute ist das Land verödet, ein stummes Zeugnis der zuverlässigen Worte des Herrn. Petra ist ein bemerkenswertes Beispiel der buchstäblichen Erfüllung dieser Prophezeiung. Diese große Hauptstadt mit ihrem 4000 Mann fassenden Theater, ihren Altären und ihren Monumenten liegt heute schweigend und verlassen da, zerfallend mit dem Laufe der Zeit.«

Herbert Stewart: »Der Boden ist bedeckt von zerbrochenen Säulen, Pflastersteinen, Haufen von behauenen Steinblöcken und vielen anderen Ruinen. Skorpione und Eulen hausen in großer Fülle in den Ruinen.«

H. Burckhart: »Beim Einbruch der Nacht hört man das Heulen der Schakale von den Felsenhöhen. Der Stein, auf dem der Reisende sitzt, ist von Nesseln und Disteln umgeben, die sich in den Vorhöfen einstmals prunkvoller Tempel oder Paläste befinden.«

Higgins: »(Der Prophet – R.M.) Jeremia wies darauf hin, dass alle, die durch Edom ziehen, über seine Verwüstung entsetzt sein werden ... Die großartigen Städte Edoms wurden verwüstet, und schaulustige Reisende hören nicht auf, über die verlassenen Festungen in den Bergen betroffen und verwundert zu sein.«

Professor Dr. Peter Stoner, ein Mathematiker aus den USA untersuchte mit den Methoden der Wahrscheinlichkeitsrechnung die verschiedenen Prophezeiungen über Edom und Petra und kam zu folgendem Ergebnis: Die Wahrscheinlichkeit, dass sich die biblischen Prophezeiungen rein zufällig erfüllt haben könnten, beträgt 1 : 10.000.[303]

Wie kann man diese Wahrscheinlichkeit anschaulich machen? Angenommen, eine Badewanne wäre mit 10.000 schwarzen Waldameisen gefüllt. Unter diesen 10.000 schwarzen Waldameisen befände sich eine einzige rote Waldameise. Wie groß ist die Wahrscheinlichkeit, dass jemand mit verbundenen Augen aus den zehntausend schwarzen Ameisen zufällig die eine rote Ameise herausfischt, wenn er nur einmal zugreifen darf? Die Wahrscheinlichkeit ist natürlich sehr klein. Sie ist verschwindend gering. Genauso groß (oder klein) ist auch die Wahrscheinlichkeit, dass sich die Prophezeiungen der Bibel über Edom und Petra durch Zufall erfüllt haben könnten.

3.3. Die Prophezeiungen über die Stadt Babylon[304]

Auch die antike Stadt Babylon spielt in den Prophezeiungen der Bibel eine prominente Rolle. Die Grundfläche der Stadt Babylon betrug 508 Quadratkilometer. 90 Kilometer war ihr Umfang. Sie war umgeben von doppelten (vielleicht sogar dreifachen) Mauern. Die äußere Mauer war 95 Meter hoch (also ca. 30 Stockwer-

---

[303] Peter W. Stoner, Science Speaks, Chicago 1958, S. 89-90.

[304] Eine ausführliche Darstellung der biblischen Prophezeiungen über die Stadt Babylon findet sich in McDowell, Die Bibel im Test, S. 442-450.

ke). Sie war 27 Meter breit, bot also Platz für 14 Autos nebeneinander. Sie hatte 250 Wachtürme, je 30 Meter höher als die äußere Mauer. Sie besaß 100 bronze-beschlagene Türen.[305]

Im Inneren der Stadt standen 53 Tempel der großen Götter, 55 Kapellen des Marduk, 300 Kapellen für die Erdgottheiten, 600 für die Himmelsgottheiten, 180 Altäre für die Göttin Ischtar, 180 Altäre für die Götter Nergal und Adad und 12 andere Altäre für verschiedene andere Götter.[306]

Der Archäologe Robert Koldewey, der durch seine Ausgrabungen in Babylon bekannt wurde, beschreibt im Vorwort seines Buches »Das wiedererstehende Babylon« die Größe der Arbeit: »Das wird verständlich, wenn man die Größe des Objekts bedenkt, und dass zum Beispiel gewöhnliche Festungsmauern, deren Dicke in andern antiken Städten 3 Meter oder 6 bis 7 Meter beträgt, hier in Babylon leicht 17 Meter oder 22 Meter Dicke errei-chen. Während in vielen antiken Ruinen-Orten die Schuttmassen nicht mehr als 2 bis 3 oder 6 Meter hoch auf den Fundschichten ruhen, sind hier oft 12 Meter oder 24 Meter zu bewältigen, und die ungeheuren Ausdehnun-gen des einst bewohnten Gebietes entsprechen diesem Grundmaßstab der Ruinen vollkommen.«[307] Babylon war

---

[305] The International Standard Bible Encyclopedia, James Orr, John L. Nielsen, James Donaldson, Edinburgh 1867, S. 350. / Herodot, Geschichte und Geschichten, Buch 1-4, Zürich, 1973, S. 98ff.

[306] The International Standard Bible Encyclopedia, James Orr, John L. Nielsen, James Donaldson, Edinburgh 1867, S. 350.

[307] Robert Koldewey, Das wiedererstehende Babylon. Die bisherigen Ergebnisse der deutschen Ausgrabungen, 4. Aufl., Leipzig 1925, S. III.

eine Stadt von imperialer Größe. Trotzdem kündigen eine Reihe biblischer Prophezeiungen an, dass all die Mühen beim Aufbau der riesigen Stadt umsonst gewesen sein werden. Der Prophet Habakuk schreibt (Hab 2,13): *»Wird's nicht so vom Herrn geschehen? Woran die Völker sich abgearbeitet haben, muss mit Feuer verbrennen, und wofür die Leute sich müde gemacht haben, das muss verloren sein.«* Man bedenke, es geht hier um eine Stadt mit gewaltigen Ausmaßen. Dennoch kündigt der Prophet Habakuk an, dass das Wort »umsonst« wie mit unsichtbaren Buchstaben auf den Trümmern dieser Stadt stehen wird.

Auch der Prophet Jesaja hat einige detaillierte Prophezeiungen über die Zerstörung Babylons gemacht. Im Buch Jesaja (Jes 13,19-22 und Jes 14,23) finden sich diese Vorhersagen: *»So soll Babel, das schönste unter den Königreichen, die herrliche Pracht der Chaldäer, zerstört werden von Gott wie Sodom und Gomorra, dass man hinfort nicht mehr da wohne noch jemand da bleibe für und für, dass auch Araber dort keine Zelte aufschlagen noch Hirten ihre Herden lagern lassen, sondern Wüstentiere werden sich da lagern, und ihre Häuser werden voll Eulen sein; Strauße werden da wohnen, und Feldgeister werden da hüpfen, und wilde Hunde werden in ihren Palästen heulen und Schakale in den Schlössern der Lust. Ihre Zeit wird bald kommen, und ihre Tage lassen nicht auf sich warten«* (Jes 13,19-22). *»... Und ich will Babel machen zum Erbe für die Igel und zu einem Wassersumpf und will es mit dem Besen des Verderbens wegfegen, spricht der Herr Zebaoth«* (Jes 14,23).

Auch der Prophet Jeremia hält eine Zukunftsvorhersage über Babylon bereit. Dort heißt es: »*Aber nun will ich Babel und allen Bewohnern von Chaldäa vergelten alle ihre Bosheit, die sie an Zion begangen haben, vor euren Augen, spricht der Herr. Siehe, ich will an dich, du Berg des Verderbens, der du Verderben gebracht hast über alle Welt, spricht der Herr. Ich will meine Hand wider dich ausstrecken und dich von den Felsen herabwälzen und will einen verbrannten Berg aus dir machen, dass man weder Ecksteine noch Grundsteine aus dir nehmen kann, sondern eine ewige Wüste sollst du sein, spricht der Herr*« (Jer 51,24-26). »*... Seine Städte sind zur Wüste und zu einem dürren, öden Lande geworden, zum Lande, darin niemand wohnt und das kein Mensch durchzieht*« (Jer 51,43).

Bündelt man diese Prophezeiungen, ergibt sich folgendes Bild:

1. Babylon soll so völlig zerstört werden wie Sodom und Gomorrha (Jes 13,19).

2. Es soll nie wieder bewohnt werden (Jer 51,26; Jes 13,20).

3. Araber werden dort keine Zelte aufschlagen (Jes 13,20).

4. Es wird dort keine Weideplätze geben (Jes 13,20).

5. Wüstentiere werden in den Ruinen hausen (Jes 13,21).

6. Die Eck- und Grundsteine werden nicht für andere Bauarbeiten benutzt werden (Jer 51,26).

7. Die ehemalige Stadt wird nicht mehr besucht werden (Jer 51,43).

8. Das Gebiet soll von Wassersümpfen bedeckt werden (Jes 14,23).

Die zitierten Prophezeiungen begannen sich an dem Tag zu verwirklichen, an dem Babylon eingenommen wurde. Viele Menschen haben sich immer wieder gefragt, wie es möglich war, eine derart gut befestigte Stadt einzunehmen. Die Geschichtsschreiber Xenophon und Herodot berichten, wie es geschehen konnte:

»Die angreifenden Perser unter Kyrus, die Babylon belagerten, sahen ein, dass sie kaum in der Lage waren, die massiven Mauern zu durchbrechen oder zu erstürmen. Sie entdeckten jedoch, dass der Euphrat unter diesen Mauern hindurch mitten durch die Stadt floss und machten sich diesen Umstand zunutze: Sie hoben tiefe Gräben aus, um den Fluss umzuleiten. In einer Nacht, in der in Babylon ein orgienhaftes Fest gefeiert wurde, öffneten sie die Gräben und konnten unter der Führung zweier babylonischer Deserteure über das nun halbtrockene Flussbett in die Stadt eindringen. Die ahnungslosen Babylonier, die lange genug die scheinbar hilflosen Belagerer von den Mauern herab verhöhnt hatten, waren völlig überrumpelt.«[308]

So fiel die Stadt Babylon »in aller Stille«[309]: Merrill F. Unger schreibt: »Am 13. Oktober 539 v.Chr. fiel Babylon durch Cyrus von Persien, und von der Zeit an begann der Verfall der Stadt. Xerxes (Ahasveros) plünderte sie. Alexander der Große wollte ihren großen Tempel wiederaufbauen, der zu seiner Zeit in Ruinen

---

[308] Xenophon, Cyropädie, VII. Buch, Kap 5, S. 66ff.

[309] Merrill F. Unger, Unger's Bible Dictionary. Revised edition, Chicago 1971, S. 116.

lag, wurde aber durch die unerschwinglichen Kosten davon abgehalten. In der Zeit der Nachfolger Alexanders verfiel das Gebiet immer mehr und wurde bald zur Wüste.«[310] G. A. Larue ergänzt: »Die Stadt ging von einer Hand in die andere über, bis sie schließlich in den Besitz der Seleukiden gelangte. So verwüstet war die einst schöne Stadt, dass ein Wiederaufbau genauso kostspielig erschien wie der Bau einer neuen Stadt, und die Seleukiden entschlossen sich zu Letzterem. Die Stadt Seleukia wurde 65 km nördlich von Babylon am Tugris erbaut, und nach und nach zogen Handel und Industrie von Babylon nach Seleukia.«[311] (Erfüllung von Vorhersage 1)

Während der Regierungszeit des römischen Kaisers Augustus (27 v.Chr. bis 14 n.Chr.) bereiste der Geschichtsschreiber Strabo die Gegend und berichtete über Babylon: »Doch große Wüstenei ist jetzt die Große Stadt.«[312] (Erfüllung von Vorhersage 1)

Kaiser Trajan kam rund hundert Jahre später (116 n. Chr.) dorthin und fand dort »Schutthalden, Steine und Ruinen«, wie Cassius Dio berichtet.[313] (Erfüllung von Vorhersage 1)

363 n. Chr. zog Kaiser Julian in den Krieg gegen die

---

[310] Ebd., S. 116.

[311] Gerald A. Larue, Babylon and the Bible, Grand Rapids 1919, S. 79.

[312] Strabo, Strabos Erdbeschreibung, Übersetzt und durch Anmerkungen erläutert von A, Horbiger, 2. Auflage, Berlin 1916, S. 739. Gerald A. Larue, Babylonand the Bible, Grand Rapids, 1919, S. 79f.

[313] Cassius Dio, Römische Geschichte, Bd. 5, Zürich 1987, Buch 68.30, S. 219. Gerald A. Larue, Babylon and the Bible, Grand Rapids, 1919, S. 80.

sassanidischen Herrscher Persiens und zerstörte während eines seiner Feldzüge die Mauern Babylons, um das Gebiet als Jagdgrund zu nutzen.[314] (Erfüllung von Vorhersage 5)

George Davis berichtet: »Professor Kerman Kilprect schreibt in seinem Buch ›Explorations in Bible Lands in the Nineteenth Century‹: Welch ein Kontrast zwischen der antiken Zivilisation und dem heutigen Verfall: Wilde Tiere – Wildschweine und Hyänen, Schakale, Wölfe und gelegentlich auch Löwen – hausen in der Wildnis.«[315] (Erfüllung von Vorhersage 5)

Floyd E. Hamilton schreibt in seinem Buch »The Basis of Christian Faith«: »Reisende berichten, dass die Stadt Baylon absolut unbewohnt ist, selbst von Beduinen. Es gibt gewisse abergläubische Ansichten unter den Arabern, die sie davon abhalten, dort ihre Zelte aufzuschlagen, während die Natur des Bodens jegliches Pflanzenwachstum, das zur Weide der Herde geeignet wäre, verhindert.«[316] (Erfüllung der Vorhersagen 2-5)

Der Mathematiker Peter Stoner äußert sich in seinem Buch »Science speaks« auch zu Vorhersage 6, dass die Steine nicht für andere Bauarbeiten benutzt werden (Jer 51,26). Er schreibt: »Ziegel und Baumaterial verschiedenster Art hat man zum Bau der umliegenden Städte aus den Ruinen geborgen. Aber die Felsblöcke (also die Eck- und Grundsteine), deren Import nach Babylon mit

---

[314] Gerald A. Larue, Babylon and the Bible, Grand Rapids, 1919, S. 80.

[315] George T. B. Davis, Bible Prophecies Fulfilled Today, Philadelphia 1955, S. 78f.

[316] Floyd E. Hamilton, The Basis of Christian Faith, New York, 1927, S. 310.

so großen Kosten verbunden gewesen war, sind nie entfernt worden.«[317] Zu Vorhersage 7, dass die ehemalige Stadt nicht mehr besucht werden wird (Jer 51,43), schreibt Stoner: »Obgleich nahezu alle antiken Städte beliebte Touristenziele sind, ist dies bei Babylon nicht der Fall, und es wird selten aufgesucht.«[318] Wo einst die Weltstadt Babylon stand, „steht heute ein Pfahl mit einer hölzernen Tafel und der Inschrift: ›Haltepunkt Babylon. Züge halten hier nur nach Bedarf.‹«[319]

Den bis heute letzten Versuch, die antike Stadt Babylon wieder aufzubauen, unternahm der irakische Diktator Saddam Hussein. Er scheiterte mit seinem Vorhaben jedoch genauso wie bereits andere vor ihm.[320]

Vorhersage 8 kündigt an, dass das Gebiet der ehemaligen Stadt Babylon von Wassersümpfen bedeckt werden wird (Jes 14,23). – Dazu führt die Encyclopaedia Britannica aus: »Ein großer Teil der alten, unter einem tiefen Schlammbett begrabenen Stadt muss noch

---

[317] Peter W. Stoner, Science speaks, Chikago 1963, S. 94.

[318] Ebd.

[319] Fritz Rienecker (Hrsg.), Lexikon zur Bibel, Wuppertal 1976, Sp. 168.

[320] »Saddam Hussein in 1983 started the reconstruction of the city. He didn't clear the ruins of the old city and constructed the new city over the ruins. Thus the artworks and the artifacts which was in the ruins was buried deep again. Saddam Hussein's name was inscribed on many of the bricks that were used for the new construction. The inscription that reads: ›This was built by Saddam Hussein, son of Nebuchadnezzar, to glorify Iraq‹ was frequently used. When the end of Gulf War arrived, Saddam Hussein was expecting to construct a modern palace over some of the ruins of the city. The palace was to be constructed in the Pyramidal style. The palace was named as Saddam hill. In 2003 Saddam Hussein wanted to start line of cable car over the Babylon city which was stopped due to the invasion.« (http://www.theearthtraveler.com/babylon-iraq.html)

gefunden werden. Und das Babylon Hamurabis, von dem man nur die blassesten Spuren gefunden hat, liegt heute unter der Wasserfläche.«[321]

Der bereits erwähnte Mathematiker und Spezialist für Wahrscheinlichkeitsrechnung Prof. Dr. Peter Stoner hat die ersten sieben Vorhersagen zur Stadt Babylon und ihrem Schicksal untersucht und sich dabei gefragt, wie groß die Wahrscheinlichkeit sei, dass diese sieben Vorhersagen durch reinen Zufall hätten eintreffen können. Er schreibt: »Die Wahrscheinlichkeit der Erfüllung eines jeden Punktes in der babylonischen Prophezeiung errechnet sich wie folgt: 1 zu 10 für die Zerstörung; 1 zu 100, dass die Stadt nie wieder bewohnt werden sollte; 1 zu 200, dass Araber dort keine Zelte aufschlagen würden; 1 zu 4, dass dort keine Herden lagern würden; 1 zu 5, dass wilde Tiere in den Ruinen hausen würden; 1 zu 100, dass Eck- und Grundsteine nicht für andere Gebäude verwendet werden sollten; 1 zu 10, dass die Ruinen nicht mehr besucht werden. Dies ergibt eine Wahrscheinlichkeit für die gesamte Prophetie von 1 zu 5 Milliarden.«[322]

Der Anschaulichkeit halber sei hier noch einmal Bezug auf das Beispiel der Ameisen genommen: Angenommen, das Becken eines Schwimmbades wäre mit 5 Milliarden schwarzen Waldameisen gefüllt. Unter diesen 5 Milliarden schwarzen Waldameisen befände sich auch eine einzige rote Waldameise. Wie groß ist die Wahrscheinlichkeit, dass jemand mit verbundenen

---

[321] Encyclopedia Britannica, Bd. 2 Ausgabe 1970 (London/Chicago), S. 950.
[322] Peter W. Stoner, Science speaks, Chikago 1963, S. 95.

Augen aus den 5 Milliarden schwarzen Ameisen zufällig die eine rote Ameise herausfischen könnte, wenn er nur einmal zugreifen darf? Die Wahrscheinlichkeit ist so klein, dass man sie sich kaum noch vorstellen kann. Genauso klein ist auch die Wahrscheinlichkeit, dass sich die Prophezeiungen der Bibel über die Stadt Babylon durch Zufall erfüllt haben könnten.

3.4. Unterwegs zur Erfüllung?
(Die Prophezeiung Hesekiels über das Tote Meer)

Die Bibel enthält eine Fülle bereits erfüllter Prophezeiungen (s.o). Sie enthält auch Prophezeiungen, deren Erfüllung noch aussteht. Sie enthält aber auch Prophezeiungen, die sich auf dem Weg zu ihrer Erfüllung befinden. Diese Prophezeiungen sind noch nicht vollständig realisiert, es lässt sich aber bereits erkennen, dass sie auf ihre Erfüllung zustreben. Eine dieser »Unterwegs-Prophezeiungen« könnte die Vorhersage des Propheten Hesekiel über das Tote Meer im Land Israel sein. Dort heißt es:

»Und er führte mich wieder zu der Tür des Tempels. Und siehe, da floss ein Wasser heraus unter der Schwelle des Tempels nach Osten; denn die vordere Seite des Tempels lag gegen Osten. Und das Wasser lief unten an der südlichen Seitenwand des Tempels hinab, südlich am Altar vorbei. Und er führte mich hinaus durch das Tor im Norden und brachte mich außen herum zum äußeren Tor im Osten; und siehe, das Wasser sprang heraus aus seiner südlichen

Seitenwand. Und der Mann ging heraus nach Osten und hatte eine Messschnur in der Hand, und er maß tausend Ellen und ließ mich durch das Wasser gehen; da ging es mir bis an die Knöchel. Und er maß abermals tausend Ellen und ließ mich durch das Wasser gehen: da ging es mir bis an die Knie; und er maß noch tausend Ellen und ließ mich durch das Wasser gehen: da ging es mir bis an die Lenden. Da maß er noch tausend Ellen: da war es ein Strom, so tief, dass ich nicht mehr hindurchgehen konnte; denn das Wasser war so hoch, dass man schwimmen musste und nicht hindurchgehen konnte. Und er sprach zu mir: Du Menschenkind, hast du das gesehen? Und er führte mich zurück am Ufer des Flusses entlang. Und als ich zurückkam, siehe, da standen sehr viele Bäume am Ufer auf beiden Seiten. Und er sprach zu mir: Dies Wasser fließt hinaus in das östliche Gebiet und weiter hinab zum Jordantal und mündet ins Tote Meer. Und wenn es ins Meer fließt, soll dessen Wasser gesund werden, und alles, was darin lebt und webt, wohin der Strom kommt, das soll leben. Und es soll sehr viele Fische dort geben, wenn dieses Wasser dorthin kommt; und alles soll gesund werden und leben, wohin dieser Strom kommt. Und es werden an ihm die Fischer stehen. Von En-Gedi bis nach En-Eglajim wird man die Fischgarne aufspannen; denn es wird dort sehr viele Fische von aller Art geben wie im großen Meer. Aber die Teiche und Lachen daneben werden nicht gesund werden, sondern man soll daraus Salz gewinnen. Und an dem Strom werden an seinem Ufer auf beiden Seiten allerlei fruchtbare Bäume wachsen; und ihre Blätter

werden nicht verwelken und mit ihren Früchten hat es
kein Ende. Sie werden alle Monate neue Früchte
bringen; denn ihr Wasser fließt aus dem Heiligtum.
Ihre Früchte werden zur Speise dienen und ihre
Blätter zur Arznei« (Hes 47,1-12).

Jeder, der das Land Israel bereist hat, kennt das Tote
Meer im Süden Israels. Es trägt seinen Namen völlig zu
Recht: Durch den hohen Salzgehalt ist kein Leben in
diesem Gewässer möglich. Allerdings wird an einigen
Stellen Salz gewonnen, das unter anderem bei der
Körperpflege Verwendung findet.

Der Wasserspiegel des Toten Meeres sinkt nun seit
einigen Jahren kontinuierlich, pro Jahr um ungefähr 1
Meter. Noch vor 15 Jahren hatte das Tote Meer eine
Länge von 80 Kilometern. Heute (im Jahr 2011) sind es
noch 50 Kilometer. Der Badeort En-Gedi (o. Ein-Gedi),
der früher direkt am Ufer des Toten Meeres lag, ist
heute so weit entfernt, dass Besucher einen Zug benutzen müssen, um ans Wasser zu kommen. Umwelt-
schützer befürchten, dass das Tote Meer im Jahr 2050
bereits völlig verschwunden sein könnte.[323]

Der Rückgang des Toten Meeres brachte nun aber
auch eine überraschende Entdeckung mit sich. Im
ausgetrockneten Bereich des Gewässers zeigten sich
Süßwasserquellen. Diese Quellen waren immer schon
vorhanden gewesen, wurden nun aber direkt sichtbar.
Geologen fanden heraus, dass diese Quellen aus Regen-
wasser gespeist werden, das über den Judäischen Bergen
niedergeht. Das Wasser sammelt sich, fließt unterirdisch

---

[323] Tageszeitung „Die Welt Online" vom 7. August 2001.

nach Osten ab und kommt am Toten Meer wieder zutage.

Mittlerweile hat sich durch das Wasser dieser Quellen in unmittelbarer Nähe zum Toten Meer eine ausgedehnte Seenlandschaft gebildet, die von meterhohem Schilf, aber auch von vielen Bäumen (z. B. Palmen) gesäumt ist. In diesen Seen, die von der Öffentlichkeit durch Zäune abgeschirmt und nur wenigen zugänglich sind, hat sich reges Leben entwickelt. Die Seen sind voller Fische.

Natürlich hat man sich gefragt, was die Ursache dieses Fischreichtums sein könnte. Vermutungen gehen dahin, dass wahrscheinlich Wasservögel befruchtete Fischeier eingeschleppt und so die Entwicklung der Fischpopulationen in Gang gesetzt haben.

An dieser Stelle kommt nun die Prophezeiung aus Hesekiel 47 ins Spiel. Sie kündigt für die Zukunft die folgenden Ereignisse an:

1. Der Tempel wird wieder auf dem Tempelberg in Jerusalem stehen.
2. Unter dem Tempel, wird ein Wasserstrom in Richtung Osten fließen und ins Tote Meer münden.
3. Viele Bäume werden auf beiden Seiten des Stromes wachsen.
4. Das Wasser des Toten Meeres wird gesund werden. Es wird wieder Leben darin möglich sein.
5. Es wird dort sehr viele Fische geben.
6. Fischer werden im (dann gesundeten) Toten Meer ihre Netze auswerfen und Fische fangen.
7. Ein kleiner Teil des Toten Meers wird nicht gesunden, sondern weiterhin der Salzgewinnung dienen.

Die erste Vorhersage hat sich noch nicht erfüllt. Anstelle des Tempels steht heute der muslimische Felsendom auf dem Tempelberg.

Die zweite und die dritte Vorhersage haben sich bereits teilweise erfüllt. Der Wasserstrom existiert. Er fließt allerdings noch unterirdisch. Es spricht aber grundsätzlich nichts dagegen, dass er eines Tages an die Oberfläche durchbrechen wird und dass dann Bäume an seinem Ufer wachsen werden.

Die vierte Vorhersage ist zu großen Teilen erfüllt. In unmittelbarer Nähe des Toten Meeres gibt es jetzt schon Seen mit gesundem Wasser, in denen Leben wieder möglich ist.

Auch die fünfte Vorhersage hat sich bereits realisiert. Es gibt in den neu entstandenen Seen bereits einen großen Fischreichtum.

Vorhersage Nr. 6 ist heute noch nicht Realität. Es gibt noch keine Fischer, die in dem neu entstehenden »Toten Meer« ihre Netze auswerfen. Aber es ist durchaus vorstellbar, dass es in einigen Jahren (oder Jahrzehnten) so weit sein könnte.

Die siebte Vorhersage ist besonders interessant, weil sie ein völlig neues Licht auf die fortschreitende Austrocknung des Toten Meeres wirft. Wenn es zutrifft, dass Hesekiels Prophezeiung unterwegs zu ihrer Erfüllung ist, dann wäre die Austrocknung des Toten Meeres Teil dieser Erfüllung. Es wäre dann zu erwarten, dass sich die Austrocknung fortsetzt, dass aber ein Teil des Toten Meeres (wie man es heute kennt) bestehen bleibt, und dass dort weiterhin Salz gewonnen wird.

Hesekiels Prophezeiung ist darum so faszinierend,

weil sie noch nicht umfassend zur Erfüllung gekommen ist, aber auf dem besten Weg dorthin zu sein scheint. Hesekiels Prophezeiung und die Vorgänge am Toten Meer heute könnten also eine Prophezeiung zeigen, die unterwegs zu ihrer Erfüllung ist. Was in Hesekiels Vorhersage noch fantastisch anmutet, wird im Licht der gegenwärtigen Ereignisse plötzlich fassbar und realitätsnah. Es wird spannend sein, in den kommenden Jahren die Entwicklung der Dinge am Toten Meer weiter zu beobachten.

Bilanz

Biblischer Glaube ist immer ein Glaube, der an Fakten interessiert ist. Biblischer Glaube ist immer ein Glaube, der auf einem Fundament – bestehend aus Daten und Fakten – ruht. Die Fakten ersetzen den Glauben nicht. Aber sie bilden sein Fundament. Es ist zum Beispiel nicht gleichgültig, ob ein König David gelebt hat oder nicht, denn eine ganze Kette biblischer Verheißungen sind mit seinem Namen verbunden. Es ist auch nicht gleichgültig, ob es einen Mose gab, der das Volk Israel aus Ägypten führte, einen Josua, der die Landnahme des Volkes Israel leitete, oder einen Hiskia, der dem lebendigen Gott in schwerer Zeit vertraute und sein rettendes und befreiendes Handeln erlebte. Es ist ebenfalls nicht gleichgültig, ob biblische Prophezeiungen sich erfüllt haben oder nicht, hat doch der lebendige Gott sich persönlich an sein Wort gebunden.

Die Bibel bezeugt einen Gott, der in der Geschichte, also in Raum und Zeit handelt. Darum sind die Verfasser der biblischen Schriften an verifizierbaren Daten und Fakten interessiert.

Der geraffte Überblick, den dieses Buch über Entstehungsgeschichte und Hintergründe der Bücher des Alten Testamentes bietet, hat gezeigt, dass es um das Fundament von zuverlässigen Daten und Fakten in der Bibel denkbar gut bestellt ist. Wer bereit ist, sich die Zeit zu nehmen, um die biblischen Texte genauer kennenzulernen, wird immer wieder auf konkrete Namen, Personen, Orte, Ereignisse und kulturelle Besonderheiten stoßen, die von außerbiblischen Quellen sowie den Erkenntnissen der Archäologie bestätigt werden.

Gegenüber einer zumindest in Westeuropa immer noch dominant auftretenden Bibelkritik ist darum Vorsicht geboten. Zu oft hat sich gezeigt, dass der Skeptizismus der Bibelkritik gegenüber den Aussagen der biblischen Schriften unbegründet und nicht frei von ideologischen Vorentscheidungen ist.

Nur wer der Bibel mit Offenheit und Vertrauen begegnet, entdeckt, was sie in Wahrheit ist: Gottes zuverlässige Urkunde.

Buchempfehlungen

Rudolf Möckel
Als Christ im Beruf
Biblische Perspektiven für das Leben am Arbeitsplatz
Tb., 144 Seiten
Scheinbar unverbunden existieren Arbeitswelt sowie Familien- und Gemeindeleben nebeneinander und berühren sich kaum. Diese Spannung hält auf Dauer kein Mensch aus, der ernsthaft in der Nachfolge Leben möchte! Rudolf Möckel schreibt in seinem Buch über die Herausforderung, als Christ im Beruf ein echtes, ungeteiltes Leben zu führen.
Best.-Nr. 273.619
EUR (D) 5,50 EUR (A) 5,70 SFR 9,90
ISBN 978-3-89436-619-3

Rudolf Möckel
Anbetung als Lebensstil
Von der Freude und Motivation Gott anzubeten
Tb., 96 Seiten
Man spricht heute in den Gemeinden sehr viel über Anbetung. Schnell kann man feststellen, dass es unterschiedliche Ansichten darüber gibt, was wahre Anbetung ist und wie man sie im persönlichen Gebet und im Gottesdienst praktizieren sollte.
Best.-Nr. 273.433
EUR (D) 5,90 EUR (A) 6,10 SFR 9,90
ISBN 978-3-89436-433-5